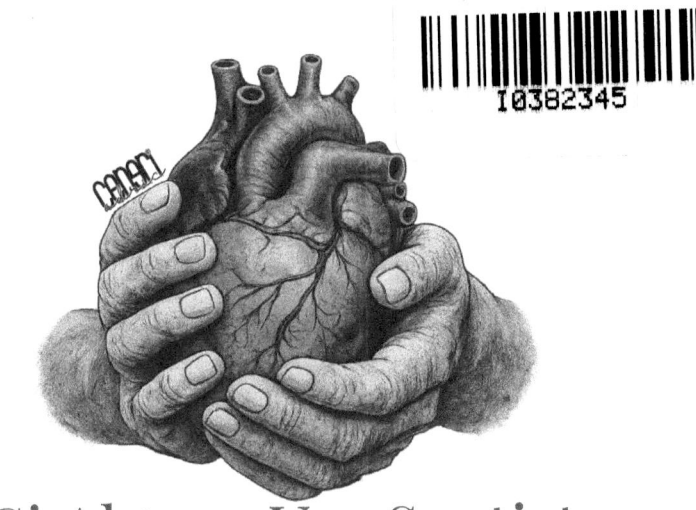

Si Alguna Vez Sentiste
Demasiado

Si Alguna Vez Sentiste Demasiado
© *2009 - 2026. Por Adric Ceneri.*
3ra Edición ❦ *Todos los derechos son reservados*

Ninguna parte de este libro puede reproducirse, almacenarse en un sistema de recuperación o transmitirse por ningún medio sin permiso previo por escrito, excepto en el caso de citaciones breves incorporadas en revisiones críticas y ciertos otros usos no comerciales permitidos por la ley de derechos de autor.

Este libro es una obra de ficción. Los nombres, personajes, lugares e incidentes son producto de la imaginación del autor. Los lugares y los nombres públicos a veces se usan con fines atmosféricos. Cualquier parecido con personas reales, vivas o muertas, o con negocios, empresas, eventos, instituciones o lugares, es completamente una coincidencia.

Magesoul Publishing
www.magesoulpublishing.com

❦ *ISBN: 978-1-7342908-8-2 SC* ❦ *ISBN: 978-1-7342908-9-9 HC*
❦ *También disponible en Kindle.*

www.adricceneri.art

 Adric Ceneri

  @adricceneri

Formato y diseño por Adric Ceneri
Ilustraciones y diseño de la portada de Adric Ceneri
Editado por Adric Ceneri y Nina Mackey

Publicado en los Estados Unidos de América

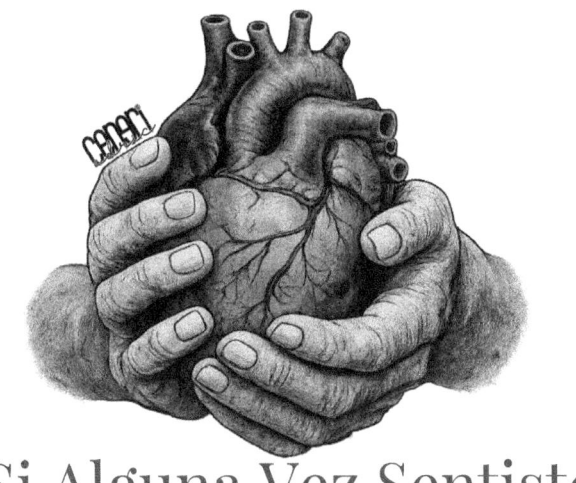

Si Alguna Vez Sentiste
Demasiado

Poesía por
ADRIC CENERI

Tributo a 15 años desde su nacimiento como poeta.

Quiero agradecer a mi esposo por estar siempre a mi lado, por brindarme la motivación y el apoyo necesarios para seguir creciendo como artista y como creador. Nunca podré agradecerle lo suficiente por el amor incondicional que le da a mi corazón.

También quiero agradecer a Nina Mackey por ayudarme a editar esta segunda edición y convertirla en una versión más sólida que su primera publicación. Agradezco profundamente a Carlos Medina y a Eva Santos por su apoyo en la edición y corrección del manuscrito final.

Por último, quiero expresar mi inmensa gratitud a la editorial Magesoul Publishing. Gracias por creer en mí y en mi creatividad, y por darme un espacio en su plataforma para compartir mi arte y poesía con la comunidad poética y con el mundo entero.

*Algunas almas
nunca fueron hechas para ser comprendidas—
solo para ser sentidas.*

*Si alguna vez fuiste demasiado
para un mundo que te pidió que te encogieras,
este libro es para ti.*

Para quienes sienten demasiado.

Adric Ceneri

ADVERTENCIA

Esta publicación incluye contenido relacionado con trauma,
dolor, pérdida o sufrimiento y, como resultado, contiene una amplia variedad de
contenido escrito, una proporción del cual puede considerarse violento, gráfico o
angustiante para algunos lectores.
Como tal, se aconseja discreción.

Si llega a alterarse y necesita ayuda, se le recomienda
encarecidamente que busque ayuda de su red de asistencia personal
o que se comunique con cualquiera de las agencias
enumeradas a continuación:

NATIONAL SUICIDE PREVENTION LIFELINE
(USA) – 1800-273-8255

INTERNATIONAL ASSOCIATION FOR SUICIDE PREVENTION:

https://www.iasp.info/resources/Crisis_Centres/

Quiero dedicar este libro a mis abuelos.

Mi abuelo me visitó anoche en mis sueños. Estaba hablando con él sobre mi primer libro, My Poetry: Los Restos de un Humano, y sobre lo emocionado que me he sentido al saber que este año se cumple una década de mi nacimiento como poeta y autor publicado. Le contaba mi idea, aún indecisa, de reescribir y reeditar mi primer libro para una segunda publicación, separando esta vez la versión en español de la versión en inglés.

Mi abuelo, con una gran sonrisa en el rostro y palmeando mi espalda, me dijo:
"¿Y qué esperas? Divide el libro."
Y desperté.

Les presento la versión en español:

Si Alguna Vez Sentiste Demasiado

*A mi viejita, por siempre entregarse
plena y totalmente a sus nietos.
Nunca te olvidaré.
Nunca olvidaré cuánto me amaste
y cuánto te preocupaste por mi bienestar.*

*Dondequiera que te encuentres,
sé que me estás cuidando,
y sé en mi corazón que estás muy orgullosa de mí.
E incluso si a veces me siento roto
por no haber podido hacer más por ti,
sé que entiendes mis razones, mis dolores,
y tu amor incondicional
siempre permanecerá en mi corazón.*

*A mi viejito,
abuelito, sé que me amaste a tu manera.
Eras tan amoroso,
y lo único que recuerdo de ti es felicidad.
Gracias por la orientación brindada
en tus visitas a través de mis sueños.
Gracias por empujarme,
por darme pistas para despejar mis dudas
y motivarme a llegar lejos.*

*Los amo,
siempre y para siempre.*

Su nieto.

ÍNDICE

CAPÍTULO	Página
MELANCOLÍA	*13*
Restos	*15*
Los restos de un humano	*16*
Solía	*18*
Odio bajo la calma	*20*
Quizás	*21*
Perdido	*22*
PENAS DOLOROSAS	*23*
Mortalidad	*25*
Accidente fatal	*26*
Caso perdido	*28*
No es tan fácil	*30*
Recuerdos de un soldado	*32*
Resignación a perderte	*34*
Quedarme sin ti	*36*
Sólo quiero	*38*
Confusión	*40*
No puedo detenerte más	*41*
Duele recordar	*42*
Anhelos	*43*
Desplantes	*44*
Extraviado	*45*
Despertar	*46*
Perdóname	*47*
Conclusiones	*48*

49	***DESDENES***
51	*Grandes expectativas*
54	*Rosas negras*
55	*Ya no puedes tenerme a tu lado*
56	*Oscuridad del olvido*
58	*La división*
60	*Deseo idolatrado*
62	*El giro*
64	*Poesía de mi corazón*
65	*No me juzgues*
66	*Un Último Deseo Escrito*
67	*El valor de tu cariño*
68	*Ángel negro*
69	*Hoy*
70	*Consecuencias de la vida*
71	***INSEGURIDADES***
73	*Mis miedos*
74	*La fe dormida*
75	*Miedo en el alma*
76	*Esperanza*
77	*Errores*
78	*Que puedo decir, pero...*
80	*Mentiras*
81	*Te extraño*
82	*Preguntas*
84	*Amor imposible*
86	*¿Qué hago?*
87	*Obsesión*
88	*Vacío rotundo*

PUNTO DE PARTIDA	***89***
Ya me voy	*91*
Pecados incompletos	*92*
Un viaje sin regreso	*94*
El deseo en tu ausencia	*95*
Mi última carta	*96*
Un adiós con espinas	*98*
Otra dolorosa despedida	*100*
VERSOS DE DOLOR	***103***
REFLECCIONES - Historias Cortas	***143***
Miedo a la soledad	*145*
Carta anónima	*146*
Elecciones	*147*
La vida	*148*
Acertijo	*150*
Los sueños de un bebe	*151*
Dama de compañía	*152*
El artista	*154*
Valor a transformar	*156*
Almas antiguas	*157*
Confesión del pasado	*158*
Rastros	*159*
Apariencias	*160*
Sexo y amor	*161*
Adulterio	*162*
Oveja perdida	*163*
De niña a mujer	*164*
El secreto	*165*
Un reto	*166*
Antes	*167*
La espera	*168*
Eterna jornada	*169*
Un crimen odioso	*170*
Verano	*172*
Perdóname	*174*

175	***CARTAS DE AMOR** - Historias de Amor*
177	*Deseos*
178	*El mundo contigo*
180	*Declaración de amor*
182	*Poema a mi madre*
183	*Madres*
184	*Amor de verdad*
186	*Denegación*
187	*Sentimientos del alma*
188	*No pido más*
189	***VERSOS DE AMOR***
229	*Acerca del autor*
233	*Otros libros por Adric Ceneri*

CAPITULO 1
MELANCOLÍA

RESTOS

Solía sentir, mas ya no siento.
Solía llorar, mas ya no hay llanto.
Solía ser yo, mas ya no soy.
Solía ver, pero hoy no veo.
Solía necesitar, pero ya no.
Solía reír, mas mi alegría se esfumó.
Solía leer, pero vendí mis ojos.
Solía analizar, pero mi mente se extravió.

Todo esto está conectado.
Todo esto es oscuro: malos consejos y pensamientos.
En mi vida no hay necesidad de esto.

Quiero deshacerme de ello,
sin importar quién sea ni qué sea.
No quiero ser quien soy ahora.
Los restos de mí no son nada más que dolor y tristeza.

La vida es confusa; alimenta mi ira.
Confunde mi alma y mi soledad.
No queda mucho que decir,
salvo que no soy yo: me perdí en mi mundo.

Quiero decir: la guerra no me venció,
pero no quiero mentir más.
No más llanto. No más penas. Quiero risas.
Quiero felicidad, quiero sentirme con vida.
Quiero viajar y volar muy lejos.

Ir a Italia, España o Francia,
tal vez Argentina o la República Mexicana.
México, te extraño—¿cómo no hacerlo?
Extraño tus playas, puertos y ríos.
Extraño a ese niño; me extraño a mí.
Tengo que irme; adiós, martirio.

LOS RESTOS DE UN HUMANO

Cada vez que me levanto…
en mi mente ahí estas,
¿Qué me has hecho?

Estos recuerdos de olvido
que no me dejan respirar,
no me dejan vivir sin miedo,
no me permiten soñar en paz.

El balance de la vida mía,
hoy está en crisis total,
es por lo que esperan de mí,
es por lo que no puedo dar.

Ya el tiempo pasó,
muy cierto es que aquello no volverá,
más certero aún, es que lo único que me queda es volar.

No vale tu llanto,
no para mi cura, ya lo verás,
no volveré mientras sea un sueño,
no hasta que me convierta en una realidad.

Lo que ofrezco es poco
para seguir siendo un problema más,
ya no quiero ser un obstáculo,
mucho mejor es que no se entere
de que este rostro no volverá a mirar.

Me propongo salir de esta vida,
borrar mis huellas, rastros y pistas,
correr hasta la última línea,
hasta donde sale el sol y la alborada termina.

Sin Alguna Vez Sentiste Demasiado

No culpo a nadie por juzgarme,
mucho menos por conservar la ignorancia,
por condenar mi alma,
y dejar de mí no más que restos con llagas.

Fui no más que una causa perdida,
una de tantas agonías olvidadas,
un sueño más entre tantos fracasados.

Me voy…
dejo todo en donde está,
quisiera enfrentarme a todos,
pero ya no me quedan fuerzas,
ya no tengo deseos de luchar.

Al amanecer un día nuevo llegará,
y con él mi vida será sólo historia,
líneas de una estrofa, los sufrimientos de otra historia.

SOLÍA

Solía creer que la vida era siempre el presente.
Ahora sé que un mañana siempre estará ahí,
aunque yo esté ausente.
Muchos de ustedes estarán aquí;
muchos solo seremos recuerdos en sus mentes.
La vida sigue y, por nada ni nadie, se detiene.
En ocasiones me da más miedo la vida
que la mismísima muerte,
pues para personas como yo
la vida es más difícil y diferente.

Solía pensar que la vida era siempre felicidad,
pero desperté de los sueños
y tuve que asimilar verdades,
verdades hechas de dolor y maldad.
Esta vida consiste en bondad y maldad;
por eso la tomo como un juego de azar:
a veces nos toca perder
y a veces nos toca ganar.

Solía desear ser mayor
y disfrutar de mi libertad,
pero me doy cuenta de que jamás debí pensarlo,
pues cada cosa tiene su momento
y cada pieza su lugar.
Es como querer correr
antes de aprender a caminar:
son etapas de la vida que no debemos forzar;
cada una tiene un propósito
y una meta por alcanzar.

Solía tener miedo de la gente
y muchas veces me preguntaba: "¿Qué dirán?".
Pero hoy, en estos tiempos, eso me da igual.
He aprendido a vivir con lo que tengo
y a no subestimar mis sentimientos.

Porque muchas veces nos engañan
y pueden lastimarnos,
dejándonos heridas
difíciles de sanar.
Por eso procuro tener cuidado
y no dejarme influenciar.

Solía vivir en un mundo en blanco y negro
por problemas del pasado.

Me dije a mí mismo que superaría ese calvario.
A la edad en que debía estar jugando,
tuve que hacer cosas fuera de tiempo;
pensamientos que me tenían
sufriendo y agonizando.
Cuando al fin me deshice de ellos,
ya fue muy tarde para notarlo,
pues en ese mismo tiempo
mi inocencia se fue apartando.

ODIO BAJO LA CALMA

Los momentos ya se han ido,
mas los recuerdos no se irán,
y memorias del olvido no parecen regresar.

Una vez tuve un padre,
que lo único que hizo fue olvidar;
olvidar que tuvo un hijo,
pretender que no ocurrió.

Una vez viajé sin rumbo,
caminé partes del mundo,
caminé sobre playas,
sobre calles y montañas.

Una vez pedí un deseo,
el cual se convirtió en pesadilla:
quise tener unos padres
y el amor de una familia.

Una vez pensé no estar,
mas huir no es la salida.
Y aunque la guerra reine sobre la paz,
no hay razón para no existir más.

Ahora… solo pienso en una cosa:
terminar con la miseria
que me hace perecer.
Esta loca idea, la idea de ser,
de tener mi niñez de vuelta
y ser niño otra vez.
Ser feliz, cosa que jamás logré tener.
Pero el tiempo me robó mi sueño…
me toca perder
y quedarme solo,
como siempre lo estuve.

QUIZAS

Quizás no pertenezca a este mundo.
¿Quién pudiera estar totalmente seguro?
Quizás es el cielo reclamando sus vientos,
¿quién pudiera saber de un eclipse sin sol?

Lo único que siento es un vacío profundo,
pesadillas de terror que me atacan y me dejan inseguro.
Quisiera renunciar a la esperanza absurda
que seguir orándole a Dios sin contestarme nunca.

Ni tú ni yo podremos nunca cambiar mi pasado en ruinas,
pero creo que por lo menos merezco algo de armonía.
No culpo a nadie por ser quien fui,
solo culpo a mis miserables mentiras.

El infierno no lo sabe, y tampoco tú lo verás.
Es confuso, pero aquí todo terminará.
He atrapado a mi miseria
y no la liberaré de sus insultos.
Tal vez yo desaparezca,
pero todo mi ser encontrará el luto.

PERDIDO

Me pongo a pensar en tantas cosas,
tantas veces, tanto tiempo... me es difícil olvidar.

¿Cómo es posible pretender que nunca exististe?
¡No puedo hacer como si no te quería,
como si no te quise!

Te sigo añorando porque te amé,
aún te amo y por siempre te amaré.

Inolvidables tus caricias, tus abrazos.
La vida siempre sigue, pero sin ti nada es igual;
fue tu presencia la que hizo cada momento especial.

Cada sonrisa... que con un brillo interno animó
hasta el más aburrido momento.
Tú... quien nunca viró hacia atrás,
volaste, viajaste y siempre fuiste a donde quisiste llegar.

¿Por qué ahora no lo haces?
¿Qué pasó con las alas indomables
y con el cinismo antipático de la sociedad?

¿Qué pasó con el niño rebelde?
¿Qué pasó con las ganas infinitas de triunfar?

Ya no eres aquel escuincle, aquel nene... hijo de mamá.
Las fantasías se quedaron atrás,
ya no crees en las ideas;
la vida abusó de ti demasiado.

Perdido en una realidad vacía has quedado.
Qué triste ver que te has conformado,
que aquellas ganas de vivir se han terminado,
sobre una libreta en un pasado perdido.

CAPITULO 2
PENAS DOLOROSAS

MORTALIDAD

Hoy la tempestad parece tomar ventaja;
sin embargo, estoy en paz con mi alma.
Y aunque parece que pierdo la batalla,
la guerra aún no está ganada.

Es como si el final estuviera más cerca,
como si mis fuerzas se agotaran.
Estoy muy cerca de la siesta eterna
y muy lejos de la calma.

En mi camino los obstáculos no se acaban;
el cielo está triste y llora por mis penas.
A lo lejos es distancia,
a lo lejos no hay confianza.

Camino sobre el fuego
y duermo entre montañas...
montañas de problemas,
problemas que no acaban.

La marea golpea mi espalda
y pago mi condena.
El agua me succiona,
me roba lo único que me queda.

Creo que ya de esta no hay salida.
Miedo a morir sí tengo...
imposible escapar de mi final,
más aún siendo un mortal.

ACCIDENTE FATAL

El otoño regresó
con más frío y más dolor.
Las hojas de los árboles caen
con los fríos vientos del invierno.

Aún lo recuerdo
como si hubiese sido ayer.
Qué momentos tan difíciles
y confusos a la vez:
estar en un camino
y no poder elegir si seguir o detenerme.
Es como estar en un lugar
donde tu opinión no tiene poder,
y por alguna razón
en ese momento lo sabemos bien.

Casi son las seis...
los truenos no paran,
la lluvia cae y solo siento dolor.
Los cristales y hierros perforan mi cuerpo.
Mi vista se desvanece,
el dolor me arrastra hacia el extremo.
Lucho por quedarme,
pero el dolor es más fuerte que yo...

Abro los ojos y solo veo luz,
luz por doquier... estoy perdido en la luz...

¿Será que estoy muerto?
—¡No creo... no puede ser!
La desesperación me gana.
Quiero llorar,
tengo mucho miedo...

Las lágrimas no salen de mis ojos.
Me quedo en silencio,
no sé qué hacer.
¡Quiero creer que estoy vivo,
pero las dudas vencen mi fe!
Caigo rendido… no me puedo contener.

Despierto nuevamente.
¡Qué dolor tan profundo!…
Quiero verlo una vez más
antes de volver a partir.

Quiero tenerlo conmigo
aunque sea una vez más.
Espero que me oiga,
que ya casi es el final.
No me quedan fuerzas para permanecer despierto…
creo que ahora sí llegué al final.

CASO PERDIDO

El tiempo ha pasado,
y aún lo recuerdo como si fuera ayer.
Creo que ahora de nada me serviría saber...
sin embargo, creo que ya lo sé.

Aunque lo que más me duele
es saber quiénes lo hicieron y por qué,
sin ni siquiera pensar en mí ni en mi futuro.

Lo que me han robado
nunca más nadie me lo podrá devolver.
Lo que el viento ha soplado
fue mi corazón, que no regresará a mi lado.
Cada vez que me recuerdo, me extraño...
extraño ser ese pequeño, inocente de todo pecado.

Ahora sí me doy cuenta
de que el amor no se encuentra.
El amor se gana y se alimenta.

El alimento que me han dado
me ha convertido en un ser con ciertos daños.
Sin importarme nada
caminé sobre abismos,
con riesgos,
caminos peligrosos y distintos.

Hoy vivo en un mundo que creé para mi alivio.
Al fin y al cabo, todo principio tiene un final;
bueno o malo, es destino...
destino que se vive con lágrimas y dolor,
sentimientos de un alma con temor.
Alguien distinto... ese soy yo.

Es mejor vivir
y dejar de sufrir,
que el tiempo se pasa y la vida se acaba.

Vive la vida como quieras y sin barreras,
no respetes las fronteras y siempre rompe las reglas,
que para eso Dios está allá arriba en las estrellas.

NO ES TAN FÁCIL

No hay noches tan eternas
como cuando no estás aquí,
no hay tristeza más fría
al ver mi vida partir.

Quiero ver la lluvia caer y a ti de mi mente borrar;
quiero aprender a decir adiós
sin mis lágrimas derramar.
No hay humano en el mundo
que a mí se pueda acercar;
no hay lugar para mí en este mundo,
algo que no puedo cambiar.

Si tan solo pudiera elegir por mí antes que el destino,
probablemente hoy no me hubiesen conocido.
Y yo ni de sus mentes sería
un recuerdo del olvido;
desaparecería totalmente
todos mis malditos motivos.

Las noches eternas de soledad sin ti aquí,
con frío y ganas de no respirar.
La vida solo da una oportunidad,
pero hubiese no querido ser
lo que soy en realidad.

No estoy conforme con mi amanecer en cada despertar.
¡No sé qué es lo que la vida de mí querrá!
Pues me pregunto muchas veces
si es que en otra vida me porté tan mal.

Que recuerde, en esta vida
no me ha ido nada bien,
pero tampoco tan fatal.
Entiendo y veo
que la vida es un precioso regalo
que no hay que desperdiciar.

Sin Alguna Vez Sentiste Demasiado

La vida misma te empobrece y te enriquece;
te quita y te da.
La vida es tan difícil…
que me dan ganas de dejarme matar.

Podré ser rebelde, arrogante, divertido, atrevido y mucho más;
pero a veces hasta los héroes necesitan de alguien más.
Nadie sobrevive a la monstruosa realidad.

La muerte viene y nos lleva;
lloran, y después de un tiempo ni se acuerdan.
No sé qué hacer, no sé qué decir,
y tampoco sé si quiero continuar.
La vida es tan extraña, tan cruel,
tan fría y llena de bondad.

Nunca en mi vida pensé hacer lo que hago,
ni tampoco llegar tan lejos.
Hay sonidos que me hacen diluvios de recuerdos;
hay palabras que se clavaron como dagas en mi alma.
Hay tantas cosas
que no sé si podrán ser más que palabras.

Sueños y pesadillas dentro de mi mente alborotada.
Es cierto: la vida no es lo que uno esperaba.
Ni los pobres ni los ricos
—nadie de problemas se escapa.
La vida es extraña: muy linda, bella
y también muy macabra.

RECUERDOS DE UN SOLDADO

Creciste extraviado, solo y confundido,
caminando por las bellas calles de París.
¡Al creer que Dios te arrebató tu nido,
tus ilusiones y aquel amor que no volvió!

No quedó nada... solo ceniza,
polvo de recuerdos llenos de trágico dolor.
Sentado en una butaca, triste lloras...
recordando como si fuesen los arcaicos
y lejanos territorios de Germanía, Grecia y Francia.

Aquella Grecia antigua... ciudad en donde le amaste,
cuando apenas eras un crío.
Sus fuertes brazos, sus cuidados y cariños
hoy solo son recuerdos.

Irónico saber que aquel soldado,
corpulento y vigoroso, fue capaz
de revelarte tantas cosas,
detalles que a nadie pudo contar.

Que te quiso más allá de un dormir y un despertar,
más allá del cielo, la mentira y la verdad...

¡Oh, niño lindo...
qué triste es ver que el tiempo se va con el atardecer!
Saber que la lluvia se lleva
tu inocencia y sencillez.

El viento viene y suspira
quiméricamente una y otra vez,
sollozando todo aquello que deseaste un día
y hoy no puedes tener.

No imaginaste terminar con este sueño,
con esa ilusión que te llenaba de esperanza.
Huyes de este continente, viajas con el atardecer
y ves todo lo que fue una vez.

Te diriges hacia una nueva vida,
pero ten por seguro que de él no te olvidarás.
Quizás tu boca... ni su nombre vuelva a pronunciar,
pero el tatuaje de sus caricias en el alma llevarás.

En el sepulcro aquel soldado se quedó,
sin embargo, tú apenas empiezas a volar.
Qué lástima que aquel hombre no se quedara;
el tiempo es injusto y ahora no ganas nada al renegar.

Fue él, quizás,
quien marcó tu infancia y tu camino,
algo hermoso, un gran amor.
Podrás querer y entregarte a alguien más,
jamás de la forma en que lo amaste a él.

RESIGNACION A PERDERTE

A perderte en cierto momento me resigné,
a perder aquellos recuerdos,
aquellas caricias, abrazos y besos.

Entre el hoy y el siempre,
la realidad es muy diferente.

¿Cómo es que podría hacerle?
¿Qué gano con quererte?,
¡si bien sé que tu amor no me pertenece!

El problema no soy yo… ¡No!
El problema es mi corazón,
este pedazo de carne que palpita cada día más fuerte,
que me hace temblar las piernas al verte.

Quisiera dejarte ir sin más que un adiós…
un "buena suerte",
pero desafortunadamente
este sentimiento no quiere perderse.

Este amor por ti es más fuerte
que la mismísima soledad,
más grande que el Everest,
más amplio que el mismísimo mar.
La razón y estas ganas de volver a verte
aguantan más insultos de tu negada mente;
te creo, pero mi corazón no lo puede creer,
te lo digo aquí… no puedo hacerlo de frente.

Me despido de ti y de nuestra gran amistad,
no creo que fuese un error amarte;
sin embargo, tú no eres mi otra mitad.

Sé que nunca podrás quererme
de la forma en que hubiese querido.
Ahora tengo que consolar a mi corazón herido;
ya no hay tinta en el pincel,
se acabó todo y no llega el alivio.

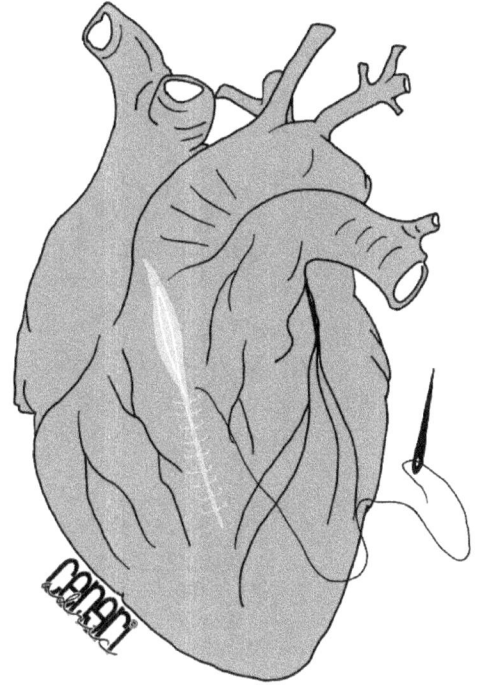

QUEDARME SIN TI

Vivía en una mentira, en una ilusión catastrófica,
caminaba en un sendero de espinas,
donde mi alma día tras día se decoloraba.

Estoy cansado de tanto sacrificio,
cansado de moverme al compás de tu ego;
te quiero demasiado y a ti soy adicto,
pero mi razón es más fuerte que mi corazón necio.

No soy conformista y no es esto lo que quiero,
no estoy dispuesto a vivir de migajas;
el que pierde aquí eres tú, querido compañero,
yo no pierdo más que unas cuantas lágrimas.

Lo que me ofreces
alguien más me lo puede ofrecer.
Ten por seguro que de ti no me olvidaré,
pero sí aprende que a tu lado no regresaré.

El seductivo movimiento de tus dedos
ya no provoca que me tiemblen las piernas.

Mientras te ofrecía mi corazón a manos llenas,
me di cuenta de que nadie vale lo suficiente;
aprendí a que estoy mucho mejor sin tantas penas.
Comprendo ahora tu miedo indefinido,
pero qué lástima que todo termine así,
cuando apenas ayer éramos uno mismo.
Hoy, aunque yo quisiera, para ti no tengo nada más;
se me han terminado las palabras,
y mi voz una vez más está en su lugar.

Finalmente, hoy recobro mi vida,
vuelvo a mi hogar,
junto a mi esposa… mi bella Soledad.

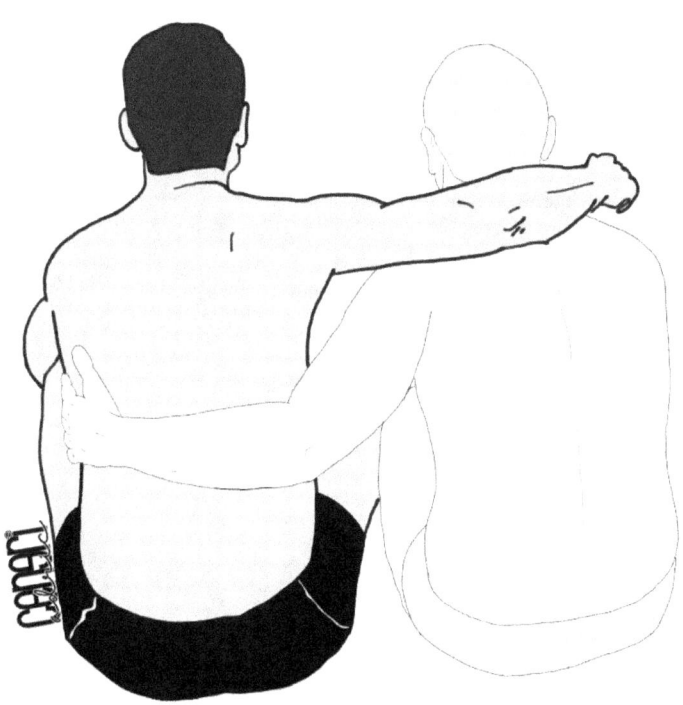

SÓLO QUIERO

Únicamente hoy solo quiero volar,
quiero saber lo que se siente fracasar,
saber lo que es no vivir,
sentir el miedo de un extraño porvenir.

Sentirme perdido en medio de la soledad
a pesar de tenerte en esta cruel realidad,
huir de la vida para no sufrir,
ser un cobarde que huye del mundo por ti.

Quiero vender mi alma al mejor postor,
sentir que valgo menos cada vez que me matas con tu amor.
Ver que la noche se pone triste
al ver que mis lágrimas caen por mi dolor.

Quiero creer en ti una vez más,
pero te lo di todo y me arrojaste al mar,
sabiendo que moriría porque no sé nadar.

Estoy herido y no sabes
cuánto duele el olvido;
duele más ahora que no estás,
ahora que te fuiste y que sé que nunca volverás.

Hoy que la noche una vez más está triste,
y que llora conmigo con esta vista hacia el mar,
duele mucho saber que nunca me quisiste,
y me lastima saber que yo por ti
mi vida estuve dispuesto a dar.

Saber que me mentiste
y que siempre te dije la verdad.
Sentir que me heriste
y que la herida no quiere sanar.

Sin Alguna Vez Sentiste Demasiado

Pensar que te quise
y que tu amor nunca estuviste dispuesta a dar,
saber que ya te fuiste
y que no regresarás.

Oír a la noche decir que no me mereces,
que alguien algún día me amará,
que tú ni persona pareces,
los humanos corazón siempre tendrán.

CONFUSIÓN

Estoy muy confundido,
ya no sé qué camino elegir;
creí saber las respuestas, pero no fue así.

Creí saber quién era,
pero ahora no lo sé;
estoy perdido en una moraleja
en donde las preguntas me molestan.

Soy como un número
perdido en una calculadora,
no sé a dónde dirigirme
ni a dónde quiero ir.

No hay forma de regresarme al inicio,
donde todo comenzó; estoy en la cuerda floja,
al borde del abismo.

¡Ya no puedo ser yo mismo!
Ahora no sé quién soy.
¡Creí ser invencible!
Pero poco a poco caí en un fango tenebroso
de donde no puedo salir.

De apariencias estoy harto, porque no soy un actor;
solo soy un muchacho
el cual busca paz y amor.

NO PUEDO DETENERTE MÁS

Una vez fui el niño que salió de su mundo por ti.
Y ahora he decidido dejarte, porque solo sabes mentir.
"El Príncipe Azul" es solo un sueño,
un deseo perdido que se ha ido.
Siento que no tengo más que dar; ya no creo.
La noche estrellada se ríe de mí.
Es cruel, pero al menos lo que dice es verdad.

Me doy por vencido. No puedo pelear con un corazón roto.
No quiero nada más que tú, cariño.
Tuve que irme
porque los dos sabíamos
que esta situación era difícil de afrontar.
Es difícil hacer esto cuando no sabemos lo que queremos.
Nos podemos gustar, pero esto no es lo que quiero.
Quiero que me ames, y no puedo detenerte más.

Entiendo algo: si eres mío, regresarás.
Si no lo eres, no hay nada más.
Por favor, no vuelvas a regresar.
No quiero que me veas llorar.
Así que déjame… y no regreses jamás.

DUELE RECORDAR

Cómo duele recordar…
casi escucho las palabras bellas que se llevó el mar,
junto contigo y las ganas de amar.

Hoy que te recuerdo, me pongo a llorar,
porque sé que tú conmigo ya no estás.

Sé bien que, aunque intente olvidarte,
posiblemente nunca lo he de lograr.

Fuiste y serás el amor de mi vida…
sin pensar, aquí, amor mío, te he de esperar.

Si es que no vuelves, te iré a buscar,
pues necesito mi alma,
que te llevaste contigo al partir
y hasta hoy día aún no vuelves de ese mar.

Al solo pensar que jamás volverías,
muchas veces lo intenté sin pensar.

Solo quise ver si así te lograba alcanzar,
para los dos por fin vivir en paz,
ya sea aquí o en el más allá,
desde hoy… hasta la eternidad.

ANHELOS

A veces me sueño durante mi infancia… contento,
que soy muy feliz al tener con quién sonreír.
Estoy con mi mamá, mi hermanita y mi papá,
nos amamos, jugamos y disfrutamos
de los momentos felices que, por una u otra razón,
siempre llevaremos en nuestro corazón.

Al final de todo y sin darme cuenta,
despierto con una afrenta,
grito y me gana la conciencia.

Se terminó algo que me quita la tristeza,
y ahora vuelvo a este mundo que me aterra.
Solo fue un sueño, que por unos minutos me llenó de consuelo.

Ahora me siento y analizo mi sueño,
pensando y recordando los momentos tan bellos
que logré vivir en aquellos tiempos,
momentos que se esfumaron con el viento…
ahora no son más que recuerdos.

DESPLANTES

Las estrellas con seis picos,
esquinas de cristal que cortan como espadas.

La luna es muy romántica,
pero al final siempre nos duelen sus amenazas,
nos duelen las promesas ante ella juradas,
aquellas palabras que nos destrozaron el alma.

Tus caricias me desgarran,
me roban la pasión,
el aliento y la esperanza.

El no pensar en mi dolor solo demuestra
que te quiero más que a mi vida;
al callar, tus desplantes me lastiman,
me hacen soñar en una cama de espinas.

Quizás no te importe,
pero por ti daría mi vida.
Te he demostrado millones de veces
qué tan lejos llegaría por ti,
te he demostrado de mil formas
cuánto te amo y lo que vales para mí.

En ocasiones creo...
que quizás sea un tonto al pensar
que me quieres a tu manera,
que no vea más allá de mi soñar.
Y que, a pesar de todo,
te quiera de esta forma tan especial.

EXTRAVIADO

Creí saber qué quería para mí,
mas ahora solo pienso que ese pensamiento lo perdí.

No creo poder sentir más dolor del que siento,
estoy más lejos del cielo y más cerca del infierno.

Lo único que siempre soñé fue ser feliz.
¿Acaso eso era mucho pedir? No lo creo...
sin embargo, la esperanza ya la perdí.

Creí ser capaz de amar
hasta el último de mis respiros,
pero esta confusión es más fuerte que yo,
es muy tensa... un delirio.

Es como sentir el dolor al degollarte las muñecas,
ver caer la sangre y sentirte en las tinieblas.

Casi podría morir en agonía por este pesar,
pero de ahí, ¿a quién le importa mi dormir o despertar?
Qué importa si me muero,
si a pesar de todo no vuelvo,
y de este viaje solo queda un vil y frío cuerpo.

DESPERTAR

Qué triste es despertar
de un sueño tan bello y real,
para regresar al mundo verdadero,
que para mí es un infierno.

En el cual he vivido
luchando en el olvido,
solo… como me dejaron,
y en el olvido me enterraron.

Las personas más queridas,
que me hicieron las heridas
con las que ahora camino,
buscándome un destino.

Que me saque de este infierno…
que me tortura,
me va hundiendo
en un pantano sin salida,
aunque la única salida
es la muerte en esta vida.

Para mí, que ya no aguanto…
ni el dolor, ni la fatiga.

Mi corazón ya no resiste
otra herida en esta vida.

PERDONAME

Quizás yo no sea el mejor de los poetas,
pero desde el fondo de mi alma te regalo dos rosas;
una para cuando te sientas triste
y la otra para decirte: "hermosa".

Le pido a Dios que te bendiga,
que por siempre ilumine tu caminar.
Sé que no eres mi única amiga,
pero en mi vida eres alguien especial.

Amiga, no sé cómo explicarte,
cómo decirte que lo lamento tanto, de verdad,
por querer ayudar a organizarte,
casi pierdo tu amistad.

Acepta mis disculpas y dejemos esto atrás,
prometo no defraudarte,
no lo haré una vez más.
Espero que nuestro compañerismo y amistad crezcan,
y que tú y yo sigamos siendo los mismos
por unas cuantas décadas.

CONCLUSIONES

Hay caminos muy pequeños que pronto han de terminar,
amores profundos del cielo, historias de amor sin final.

Lazos de amor, caricias y besos,
lunas llenas y uno que otro eclipse total.
Sueños viejos con alegría de no terminar,
mundos diferentes y ganas de amar,
promesas eternas
sin saber si se cumplirán.

Dudas hacia la vida y hacia quién amar,
son las gotas de lluvia que de confusión caerán…
los recuerdos de otras etapas, tiempos sin mal.

Las caricias y besos de quien no he de tocar,
pecados eternos que un piano toca al sollozar,
descifrando en cada tecla, cada palabra,
una melodía de un "qué dirán",
superaciones que hay que pasar.

Sigo con dos penas, malos momentos y un quebrantar,
la luna de plata me amarra a su caminar,
a seguirla por siempre con ilusiones sin lograr,
profundamente, la vida y cada inicio tienen un final,
mi final no es este, aún no es mi turno de volar.

CAPITULO 3
DESDENES

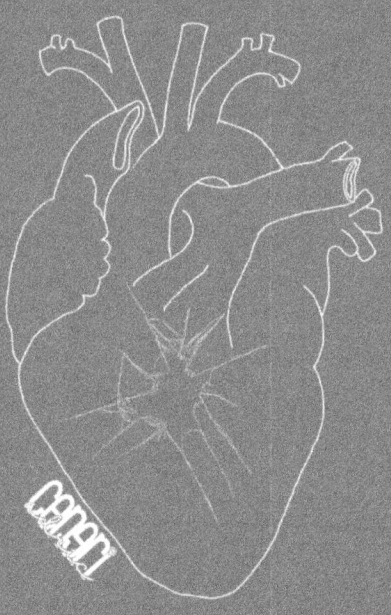

GRANDES ESPECTATIVAS

Quiero saber cómo no pensar en ti,
pero es imposible... ya vives en mí.

Eres como el aliento que me da la vida,
y con tus desprecios me la quitas.

Quisiera cambiar de nombre y de vida,
ser alguien más, no quien soy hoy día;
olvidarte a ti,
al mundo y a mi familia.
Pero no sé si tenga la crueldad suficiente.

No sé si pueda deshacerme de todo
y empezar nuevamente.

He visto el fracaso tantas veces
que fracasar una vez más
será regularmente normal; al cabo, ya casi ni duele.

Creí que el amor era la fuerza más potente;
me equivoqué, porque enamorarse no es un acto inteligente.

No sé qué hacer;
pues busco incansablemente respuestas
a mis dudas y pendientes.

Porque no es mi culpa
ser lo que soy; sin embargo, hoy me duele
ver a la gente sonreír ante mí muy hipócritamente.

En momentos solo me contengo,
sonrío, camino y observo.

¡Quiero gritar, pero no puedo!
Solo quiero volar… viajar muy lejos,
ser simplemente como el viento,
dirigirme al horizonte con las nubes del cielo,
para desaparecer lenta y suavemente
hasta que de mí no queden ni recuerdos.

Solo quiero ser lo que siempre soñé ser…
ser feliz, pero así no lo lograré.

Lo siento; es muy cruel, pero muy cierto.
Si he aprendido algo de la vida,
fue a ser lo que soy; y por lo que veo,
a nadie le importa lo que siento por dentro.

Cuando era pequeño solo deseaba
estar con mis padres y ser como cualquiera.
Ahora que los tengo, no sé si los quiero.
Es cruel, sí… pero muy cierto.
Estoy harto de mentir; mi vida es una completa mentira.

Todo lo que soy es por mí mismo;
muy erróneo, sí… pero muy mío.

Cuando necesité consejos, no tuve quién me dirigiera;
mi tutora solo hizo lo que le interesaba a ella.
Me robó mi infancia y destruyó mi libre albedrío.
Nunca me enseñó la forma correcta de amar,
y el miedo alimentó mi alma con frío.
Me robaron, y nunca podré tener lo que se llevó el olvido.

Soy lo que soy, tal vez casi un monstruo,
pero no lo puedo enmendar.
Fui tierno y dulce; me dieron desprecios,
y así acabaron con mis buenos sentimientos.

Aún dentro de mí existe ese pequeño;
no sé si sea muy tarde para empezar de nuevo…

Lo que sí sé es que aún no encuentro
la felicidad que busco y mis más grandes sueños.

Deseo —más bien quiero o quisiera— guardarme este secreto,
el cual, al contenerlo en mi pecho,
me quema y mata por dentro.

Quiero gritarlo,
pero me detiene mi orgullo y no me deja hacerlo.

Tal vez alguien algún día pueda leerlo,
llorar de tristeza por lo que esté leyendo.
Quizás nadie nunca lo lea,
y a mí me da igual.

Me basta y sobra con decírselo
a esta hoja de papel
y al lápiz que lo escribe.

ROSAS NEGRAS

Rosas negras:
Muerte, dolor y soledad.
Tristeza, llanto y oscuridad.
Secretos negros y sangre derramada.

Rosas negras:
Frías identidades bajo una máscara.
Derrota y quebranto.
Lágrimas de sangre y dolor eterno.

Rosas negras:
Ojos calculadores y diabólicos.
Pecados y masacres por cumplir.
El deseo de la muerte por venir.

Rosas negras:
Magia negra y los muertos revivir.

Rosas negras:
A mi padre, quien me hizo ser así.
Vida oscura y macabra al reír.
Las que enviaste y dejaste en mi puerta.

Rosas negras:
Es a ti por quien mi alma se aferra.

YA NO PUEDES TENERME A TU LADO

Estoy harto de intentarlo.
Ya no puedes tenerme a tu lado.

Esto no es un juego.
Es un laberinto de mentiras sin horario.

Estoy harto de llorar.
Y nada es lo que fue en el pasado.

No puedo dejar que me tengas,
ni ahora ni cuando me quieras.

Por favor, solo vete.
Lo prefiero de esta manera.

Por favor, vete, no te quedes.
Puedo oírte burlarte de mi ceguera.

Porque no me amabas,
esto fue solo una aventura pasajera.
Por favor, déjame, y jamás vuelvas.

OSCURIDAD DEL OLVIDO

Mi mente empieza a enloquecer,
a reclamar algo que aún no es posible tener.
Mi alma se quiere vender,
dice que no valgo lo suficiente para obtener su querer.
Mis ojos tristes lloran al ver
que mis pertenencias propias no quieren obedecer.

La luna canta triste
en cada amanecer,
pues su jornada termina
cuando el sol sale otra vez.
El sol, con ira, quema y reina con placer
a todos los seres vivos
de este planeta de escasez.
La gente ya olvidó lo hermoso del vivir,
y tristemente,
se dejan caer hasta morir.
Ellos mismos cavaron sus tumbas sin sentir,
una extinción que sucedió en el ayer,
algo que probablemente sucederá otra vez.

La vida era hermosa, ya no lo es,
ahora es como una sombra que sin sol ya no se ve.
Los mares son desiertos de olvido;
palabras y letras
de un poema sin sentido.

El silencio se adueñó de los sonidos,
haciendo de esto
un infierno muy perdido.

¡Ya no hay razón para ser...
el ave blanca que nunca seré!

Sin Alguna Vez Sentiste Demasiado

Sangre en mis manos
significa la culpa,
una carga de conciencia que pesa como nunca.

Ya no hay espacio, ni tiempo para estar,
me despido, adiós… no hay nada más.

LA DIVISIÓN

La división de un humano es mi caso y mi verdad,
es lo oscuro y es lo claro,
son las líneas de un refrán.

Cada vez que te recuerdo,
ya no sé lo que pensar,
si te odio o si te quiero,
si es un río o es un mar.
¿Cómo poder olvidarte?,
si nunca dijiste que habría un final,
¿qué puedo hacer si estoy ciego?
y hoy por ti quiero volar…

Caminar sobre las nubes
y volar bajo el mar,
encontrar una perla sin nombre
y grabarle el tuyo por la eternidad,
sentir que hoy ya no estamos juntos,
sin embargo, en mi corazón siempre estarás,
dime, ¿cómo no poder amarte tanto?,
si tú eres yo y yo soy tu otra mitad.

La confusión de un humano
y una doble personalidad,
es lo bueno y es lo malo,
es la opción de la vida.

Hoy que tus recuerdos los empiezo a regalar,
hoy que prefiero odiarte
y pensar que en mí no existes más.

Hoy que quiero olvidarte,
¡cómo no puedes imaginar!
desde el fondo de mi alma
hoy te ahogo en este mar…

Hoy que camino sobre las llamas
y duermo en un pedestal,
hoy que encuentro una calavera,
hoy veo que ya no eres inmortal.
Sentir un dolor tan profundo
al ver que te quise
y que hoy eres una página más.
Al recordar el ayer y cuánto nos quisimos,
al ver el hoy y nuestros amargos destinos.

Creer que es un sueño, una amarga pesadilla,
pero es la verdad y te marchaste sin una despedida,
este es un dolor más, otro amor sin salida.

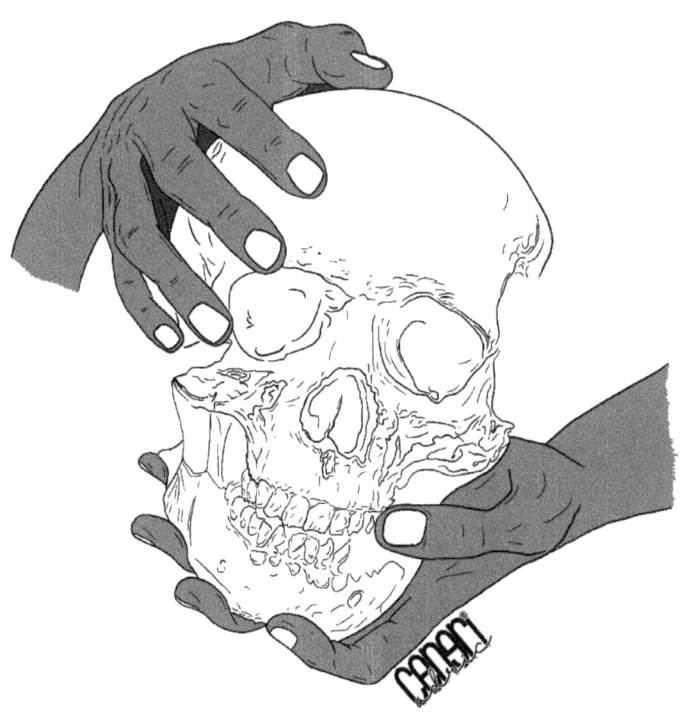

DESEO IDOLATRADO

Los años se van como hojas,
volando entre el viento.
Otoño tras otoño e invierno tras invierno.
Físicamente el cuerpo se agota y va envejeciendo.
Las arrugas y penas que un corazón van suprimiendo.

El tiempo se marcha
y nunca espera a los sueños.
Superar el tiempo, imposible,
entre tantos riesgos.
A cada hora, minuto y segundo
tiemblo de miedo. Pánico a seguir,
a caminar y no virar luego.

He perdido la voluntad de ser lo que un día deseé,
distancias eternas, todo por volverte a ver.

Quiero olvidar lo que me has hecho,
pretender que nada sucedió.

Cogerte en mis brazos
y amarte sin pensar en el odio.

Tú has dejado mi alma penando
y murmurando qué podría yo hacer.

Habrás tomado la muerte,
quizás para no perecer.
Eres peor que el mismísimo diablo,
al hacer y deshacer.
¿Qué ganaría entre tus brazos,
no más que un complicado enloquecer?

Sería bello coger el tiempo,
revertirlo y ponerte a mis pies.
Inventar un mundo nuevo donde reine la mentira y el placer.

Creer que no fui quien te perdió, sino quien te escogió.
Las coincidencias no existen, y tu tiempo se acabó.

En este mundo solo existe el hoy y la perra realidad.
El pretender que te quiero no significa que sea verdad.

Perro y esclavo en estos días ya no son verdad.
Eras tú y era yo, atraídos como imán.

Lo siento por ti,
mi corazón ya no te quiere más.
Lo que fuimos ya se fue y no volverá. No reniegues,
esto es todo, se ha acabado, es el final.

EL GIRO

Hoy soy un humano dispuesto a morir en soledad.
Ayer fui nadie,
hoy soy más de lo que siempre quise ser.
Hoy que mis metas huyen de mi realidad.
Ayer que quise ser alguien, hoy que estoy sin un querer.

En momentos como éste es cuando ya no vives en mí,
y hoy que la revolución comienza,
ya no tengo razones para ser un poeta,
ni las hay para contener el dolor de las grietas.

Hoy hay muchas dudas, con ellas miedo a fracasar.
La luna y las estrellas, el mar y la arena,
el desierto y el sol, el dolor de mi corazón,
una aventura y muchas ganas de llorar,
las mentiras y la verdad, un camino sin final,
las preguntas sin respuestas y los miedos al amar.

El delirio de la locura de no saber a dónde viajar.
Miedo de sentir la muerte cerca, no tan cerca como el amar.

El brillo de mi luz comienza a regresar,
la noche huye y también la soledad,
ya no hay martirio, tampoco lágrimas,
se acabó la tristeza, llegó la libertad.

Hoy mi alma no está feliz,
el cielo brilla y quema mi dolor,
pero mi alma llora por tu amor que no fue más que sufrir,
y el cielo brilla
por un capítulo nuevo de ilusión.

Hoy que hay muchas dudas, con ellas ganas de triunfar.
Unas líneas de un poema,
un amor puro con sinceridad.

El dolor se retira… y las espinas se quiebran con la verdad.
Aventuras extremas… con ganas de sentir y disfrutar.
Las mentiras ya se alejan y ahora puedo ver su final.
Las respuestas hoy regresan y mis dolores se esfuman.

Los manicomios se derrumban, y empiezo un viaje sin punto final.
La muerte me acecha, pero no por miedo estaré en soledad.

Algún día partiré… y estoy listo para irme a ese lugar.
Sin embargo, viviré cada día como si mañana fuese el final,
como si no regresara, y como si un día eso se hará realidad.

Demostrar mi amor a los que quiero, para no desear un día más,
pues no me gustaría desear lo que hoy puedo lograr.
Lo que soy hoy, y lo que mañana no seré.

LA POESÍA DE MI CORAZÓN

Nunca nadie ha cruzado la línea divina.
¡No dejes que te cierre los ojos!
Mantenla en la oscuridad para que no te quite la vida.

Tengo lágrimas en el alma
destrozando todo mi ser.
Tuve familia hace mucho, ya hace tiempo.
Yo era de ellos y ellos eran mi razón de ser.

Cerca de mí, no hay ninguna señal.
No me he ido, todavía me siento mal.

Podría haberlos salvado, pero ahora no puedo.
Me pregunto por qué lo dudé.

Me quedé allí y los dejé morir.
No puedo creer que ni lloré;
horrible y cruel es lo que yo fui,
ni un solo remordimiento por semejante noche.

Sin sentimientos; quizás es la norma de un animal,
pero no es de humanos tener el alma de metal.
Nadie nunca tuvo una mente tan fría y letal.
Nunca nadie tuvo tanto miedo de morir
como siento ahora por mis penas y mi vida.

NO ME JUZGUES

No quiero pensar más de la cuenta,
solo quiero alejarme del planeta.

No quiero ver los sueños rotos,
solo quiero volar de un sueño a otro.

Lo que hago y lo que hice,
eso no le incumbe a nadie,
el que no me mantiene, que no hable.
No soy perfecto, no soy tan grande,
pero tengo derechos,
así que no se desgarren.

Al odiarme tanto, más fuerte me hacen,
soy malo y no, nunca dejo heridos;
cuando empiezo algo siempre lo termino.
No te miento, nunca dejo vivos,
mis víctimas al panteón
y yo con más delitos.

Por un buen sueldo en un asesino me he convertido,
soy lo que ves… con el más original de los estilos.
Soy yo, el mismo, el Dios de mi destino.

UN ÚLTIMO DESEO ESCRITO

Tengo un último deseo escrito aquí.
Quiero que los muertos revivan,
y que los vivos se mueran por fin.

Que la luna desaparezca,
y que el sol explote por ti.
Quiero que el mar se desborde,
y que los rayos caigan sobre mí.

Quiero ver a la gente gritando,
pensando en que todos han de morir.
Gozar de su fobia y sus miedos,
sentir que soy el único con valor.

Ver a todo el mundo caer a mi alrededor,
y ser el único muro que no cayó.
El miedo es una estupidez mental,
no tengo tiempo para una debilidad.

No lloren ni griten, ya no tengo piedad,
odio ser débil y espero en Dios.
No puedo sentir tristeza por nadie,
si no puedo sentir pena por mí.
El mundo gira y nunca nadie es feliz,
vivan la vida, que el fin está por venir.

EL VALOR DE TU CARIÑO

Cómo quisiera decirte, ¡te quiero!,
pero querer no es hacerlo realidad.

Cómo quisiera que fueras sincero,
pero pareces actor al fingir cada palabra.

Desearía tener un corazón de acero,
para no sentir tus desprecios.

Esos dolores y desgarres que aún siento,
sufrimientos que corren por mis venas,
que poco a poco me van consumiendo.

Hoy te juro que solo prefiero verte partir,
verte ir lejos de mí.

Prefiero mil veces dejar ir un "te quiero",
a pagar con mi vida,
por un capricho que mi corazón no supo controlar.

Cómo no preferir mi vida,
no puedo cambiarla por un egoísta como tú,
no puedo dejar que se vaya mi vida contigo,
no vales ni la mitad de un error.

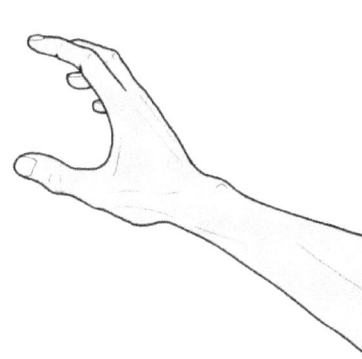

ANGEL NEGRO

Son más de las seis, cada vez que el atardecer aparece,
duele más el amor cuando los recuerdos se desvanecen,
memorias que causan dolor,
sentimientos que el corazón no comprende.

La razón de una ilusión se pierde en confusión,
entre vidas resignadas a la muerte.
No puedo ir a la guerra sin una escopeta por delante,
no sin herramientas para acabar con el enemigo de frente.
No puedo tirarme al océano,
no sin antes saber nadar contra la corriente.

No puedo intentar volar sin tener alas,
mucho menos gobernar en un lugar donde no hay nada.
No admito que aún siento miedo, ¿por qué hacerlo?
El disfraz es lo que nos diferencia;
ser nosotros mismos es quitarnos la fuerza,
ser no más que unos incrédulos e hipócritas.

Todos en alguna parte de la vida tenemos un lado bueno,
lo que ayer fui, hoy no quiero volver a serlo,
obtengo más al ser así, que al ser un patético engendro.

He decidido ser por siempre el ángel negro,
quien no tiene piedad
ni de quienes a este mundo me trajeron,
quien ama la oscuridad y la calma en ella,
quien, a pesar de pensar en el futuro, piensa en lo que fuera.
El rencor acumulado no mata, da esperanzas…
ayuda a vivir firme
y con la frente en alto.

Algún día moriré… perdido en un abismo quedaré,
los malos no tenemos un final bonito,
o es un final en la cárcel o una muerte sin delito.

HOY

El cielo está gris una vez más, la lluvia sobre mi rostro cae.
Relámpagos de luz caen sin cesar y acaban con la paz de la ciudad.
Las aves se van, viajan sin rumbo, perdidas en la oscuridad.

Quisiera ayudarles e iluminar su andar,
lloran y se alejan, al infierno es donde van.
Hay canciones del olvido que no han de regresar,
y recuerdo viejos amigos hoy que estoy en soledad.

Hoy que el cielo está partido, y que el final más cerca está,
hoy que sé que soy un niño que nunca tuvo a su mamá.
El reloj de mi corazón se detiene a meditar,
por segundos me quedo entre aquí y el más allá.

Sintiendo los miedos y el equilibrio de la verdad,
sintiendo el dolor de no haber sido alguien más.
Un teléfono celular y un bolígrafo, no más,
con un cuaderno sobre una butaca lloras,
mirando las grises ventanas del aula.

La Gloria y su canción de "Un día más",
el tren, la ventanilla y su vida
parecen patéticas, más no tanto como la mía.

CONSECUENCIAS DE LA VIDA

El odio y el amor son dos sentimientos,
muy distintos e iguales al mismo tiempo.
El odio, el sentimiento del infierno.
El amor, el sentimiento más tierno.

Los dos son muy diferentes,
aunque provienen de la misma fuente.
Creo y creeré que seguramente
es la conexión del corazón y la mente.
La mente ordena y el corazón obedece.
El odio siempre es provocado,
en cambio, el amor casi siempre es rechazado.
Es por eso que escogí el camino del odio,
y no el camino del amor...
amor que un día me provocó tanto dolor,
dolor que se convirtió en odio y rencor...
odio y rencor que estarán en mi corazón
desde hoy hasta que destruyan mi versión.

Porque muchos piensan que la vida
es lo que está en nuestras mentes,
pero mi opinión es muy diferente,
hay probabilidades de que no sea verdad.

Lo único que hoy entiendo es mi vida y realidad,
y aunque no quiera aceptarla, algún día la he de aceptar,
pues ese es mi destino y me tendré que resignar,
a vivir como ahora vivo para no pensar en mi final...

Creo que tratar de distraerme no me vendría nada mal,
así no pensaría en el infierno donde arderé al final.
Mientras eso sucede me divertiré un poco más,
haciendo unas que otras maldades,
al fin que voy para allá.

MIS MIEDOS

Hay días como hoy, en los cuales me siento derrotado,
cansado, perdido y abandonado...
Me cuesta ser fuerte y pararme ante el presente,
sabiendo que viene por mí sin detenerse,
porque puedo ser fuerte, pero no soy de palo,
y sinceramente, tengo sentimientos.
Y por más mínima que sea la herida, duele.

Soy como un pajarito que quiere volar,
pero por la inseguridad me detengo
y me quedo en la soledad,
trato de salir del abismo,
pero no encuentro lugar,
la fecha y el momento adecuado
para poder solucionar tantos problemas
que son más pequeños que una borona de pan.

En ocasiones he pensado sobre mi vida y mi futuro,
pero nunca he estado totalmente seguro,
pues pienso una cosa,
oigo otra, creo otra y veo un muro.
Mi vida no es fácil y me aterra la idea de saber.

Saber que tengo miedo a ser rechazado por el Señor.
Soy como el soldado que abandonan en la guerra,
una borona de arena en el desierto,
una mirada que se pierde en las estrellas,
una voz que se pierde en el silencio.

Quiero gritar, pero nadie me escucha,
estoy cansado de esta lucha, de vivir en esta angustia,
estoy harto de fingir, aparentando al sonreír.

Porque en realidad no vivo contento.
Me muero de miedo, de temor a demostrar lo que siento.

LA FE DORMIDA

No fue más que un extraño sueño...
Te miré muerto y mirándome desde el suelo,
no fue la vida, era mi miedo.
Te quise a ti, pero tú te quisiste ir.

Cayendo abajo me encuentro aquí,
estaré aquí hasta el fin de los tiempos,
¡sin importar que lo que hago no sea correcto!
No me importa, te amo y tú eres mi dueño.

No tengo más opciones que esperarte en soledad,
¿a quién le importa si desperdicio mi esperar?,
si tú no estás aquí, la vida no vale ni un gramo de pan.
Debí haberte dejado hace mucho tiempo,
ahora es demasiado tarde para arrepentimientos.

No hay más opción que ser tu amor,
por favor vuelve, necesito tu corazón.
No puedo respirar y es muy difícil morir sin paz.

Quisiera poder decidir y tenerte junto a mí una vez más,
desearía que estuvieras aquí sin más ni más...
para ser tu amor y tú mi amar.
Te necesito aquí, —¿qué no ves mis lágrimas?

Estoy muriendo por ti y tú te fuiste al otro lado del mar,
no puedo cruzarlo, no puedo viajar.

Estoy en la oscuridad mientras tú, en el mundo ideal.
Me muero de amor... no te alejes,
por favor no me ignores, que desapareceré.
Sálvame ahora... ahora que puedes...

No vuelvas mañana cuando de mí ni cenizas queden.

MIEDO EN EL ALMA

Tengo mucho sin verte, pero en mi mente siempre estás.

La esperanza de estar contigo se pierde,
me siento perdido en la soledad.

Tengo miedo a tu decisión, miedo a dejarte ir.
Aún no te tengo,
y no conozco el error.

Mi alma reclama tu amor;
y se va con la noche al caer el sol.

Si supiera cómo, te aclararía tus dudas,
te haría saber que eres mi luna.

Tus grandes ojos fijos me gritan,
y les pregunto, ¿cuál es el problema?
—A lo que me contestan—: ¡No es un sueño!

Desearía ser parte de tus sueños.
Compartir mis más profundos secretos y hacerte sentir
que siempre puedes confiar en mí.

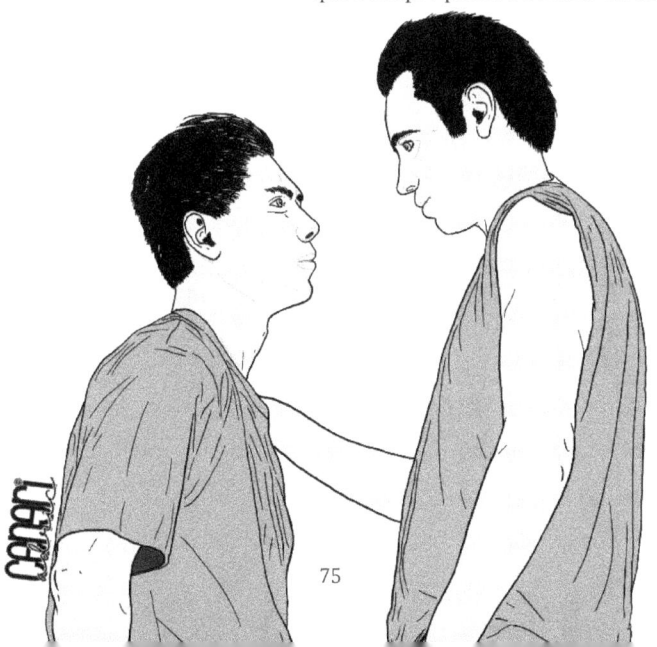

ESPERANZA

Los días siguen pasando, la vida y el mundo siguen girando,
yo simplemente sigo cambiando.

Sigo aquí... solo y en silencio,
observando, oyendo el dolor
de las almas que han pecado,
mirando cómo corren
esas lágrimas hacia los lagos.

Viendo las horas pasar, horas que no volverán a mi lado,
recordando tu cara, tu pelo y tu sonrisa de niño apenado.
Juraría que casi escucho tu voz, pero ya te has marchado.
Puede ser que estas no sean más que líneas
de dolor por alguien amado.

¿Será que algún día te vuelvas de tu viaje
para quedarte aquí y amarnos?
¿Será que yo te encontraré al pasar de los años?

Me pregunto tantas cosas, cosas que me hacen daño.
Es veneno pensar que no estás
más que en un cuadro,
sonriendo irónico, con una mueca en los labios.

Pensar es vivir en un mundo ilógico lleno de mentiras,
y el hacerlo en ocasiones no es la mejor medicina.

Soy un humano más, regresa junto a mí, regresa algún día.
No tiene que ser mañana, aunque de ser así me alegraría.
No tiene caso huir de un país o una ciudad.
Problemas siempre habrá,
luchar contra ellos es la mejor opción que tomaría.

ERRORES

Solía tener una sonrisa, pero simplemente desapareció.

Solía ser tan pacífico, y ahora todo es error tras error.

En este momento, soy incoherente, sin perdón.

En este momento, soy infiel y brinco de colchón en colchón.

Me gustaba escribir, pero sé que no soy el mejor.

Me gusta la oscuridad y el frío en su interior.

Quizás soy lo peor, quizás todo lo que hago causa dolor,
y aunque no tenga control,
soy un humano que se extravió.

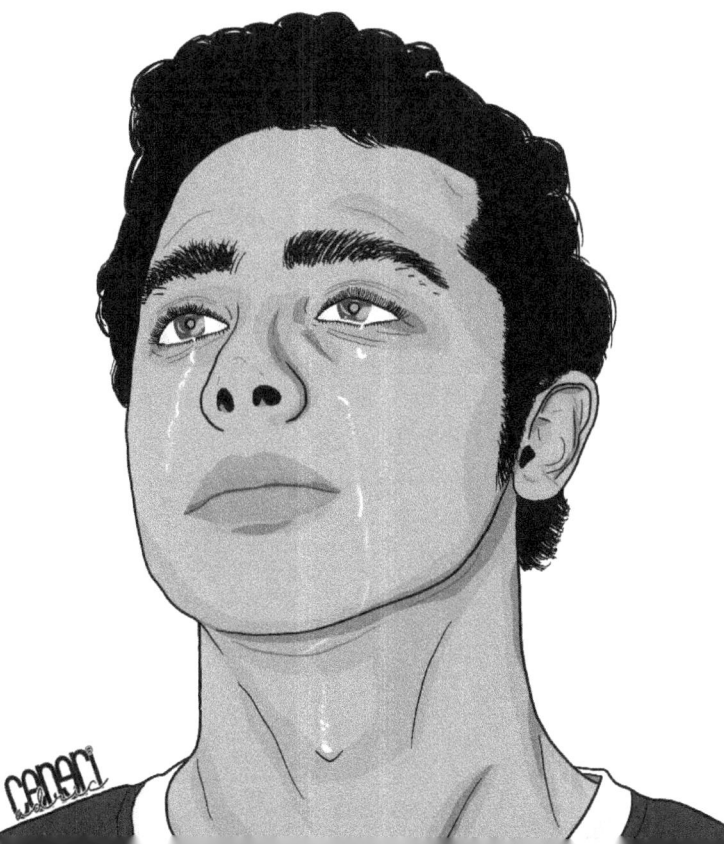

NO SÉ QUE DECIR, PERO...

A veces quisiera solo desaparecer,
sin embargo, eso no soluciona nada.
Hubiese preferido no escucharte decir
lo que dijiste, sin pensar en mí.

Quisiera irme muy lejos, pero muy lejos de ti,
donde pueda sentirme seguro y feliz.
No sé qué creer en estos tiempos,
son muchos los caminos y los riesgos.
¿Quién sabe cuál es el mejor o el correcto?

El tiempo no siempre nos cura el dolor,
pero sí nos hace olvidar a lo largo del tiempo,
olvidar quién fuimos, somos y hasta quién podremos ser.

Esto es algo real
y está ahí, aunque no sea visible,
un sentimiento frío
que se estrella en nuestro pecar.

No queda mucho que decir,
solo diré que no soy quien fui,
la oscuridad me condena y no tengo a dónde ir.

¿A quién escuchar, a quién poder culpar?
¿Quién me escucha en mi cuarto con mis penas?
Solo necesito algo que aún no sé,
estoy confundido y necesito ordenar mi mente.

Necesito dinero, tiempo, cosas y vida,
no quiero cosas y odio estar fuera de mí.
Desearía no decir nada, guardarlo para mí,
espero aquí sentado,
una absolución que no vendrá.

Soy patético al llorar en tus brazos,
un imbécil al llorar porque no podrás regresar.

Todavía logro recordar lo trágico que fue aquel amar,
al dormir sobre el agua y observar de la luna su reflejar.
Hubiese podido salvarme yo mismo,
pero Lucifer me tomó sin razón ni permiso.
Es cruel, pero ahora necesito regresar,
necesito alguien
que de mí se pueda apiadar.

¡He sido egoísta, sí!
Pero merezco una segunda oportunidad,
mis ojos te buscan,
te buscan a ti, dulzura…
ven y sálvame antes de perderme en la locura.

MENTIRAS

Pensé que, al quedarme en este mundo,
nada malo me podría pasar, solamente amor y paz.
Finalmente, cuando una puerta se abre,
las siguientes dos cerradas están.

Pienso y pienso... pero no logro entender nada.

Quisiera pensar que todo esto es un error,
que nada pasa conmigo.
Me siento tan vacío, infeliz... La verdad, siempre fui así.
Perdido... ayudando al prójimo me encontraba,
mientras mi vida poco a poco se esfumaba.

No hay luz al final de la vida,
pero no tengo miedo a no encontrar la salida.
La soledad siempre fue mi mejor abrigo,
y la desdicha uno de mis platillos favoritos.

Cambiar mi destino, sin importarme los pecados cometidos.
Ya no puedo caminar con esta máscara,
menos con las cicatrices en el alma.

Ya no puedo reír, tampoco llorar por mi vida.
Todo sucede por algo,
y por alguien... aún sigo vacío.

Me quedan dos muy claras opciones,
verlos morir o hacer que vean lo mismo.
Estoy seguro de que soy bueno, no lo suficiente para nadie.

Estoy harto y triste... deseo, pero no creo en los milagros,
el cielo está estrellado y no me quedan lágrimas por llorar.
Mi vista se ha cegado,
solo veo la noche y su oscuridad,
es una sombra del infierno, una mentira de un humano,
un ser que se mintió a sí mismo, quien escribió su final.

TE EXTRAÑO

Estoy emocionado… aunque aún no sé qué podrá ser.
Al parecer me estoy enamorando, el amor vuelve otra vez.

Es lo mejor que me pudiese pasar,
algo que no me quiero negar.
Volteo hacia el espejo y miro que no estás,
me siento tan violento y solo quiero gritar.

No quiero extrañarte, pero de mi mente no te logro sacar.
Me pinté de negro y al mar me arrojé,
no sabes cuánto me arrepiento, no te volveré a ver.

La historia de mi vida no es especial,
a pesar de eso aún pienso
que contigo la vida hubiese sido sin igual.

Quisiera poder estar vivo para verte respirar,
oírte decir todas aquellas cosas que te faltó murmurar.

Sentirte al lado mío y no dejarte escapar,
amarte, quererte y tenerte por la eternidad.

PREGUNTAS

¿Cómo poder terminar una historia que nunca inició?
¿Qué puedo hacer para tener un amor?
¿Cómo querer a alguien,
si nadie me ofrece sus brazos?

¿Qué debo hacer para que alguien
se apiade de mi dolor?
¿Cómo poder ordenar mi mente
para no sentir esta confusión?

¿Por qué es que nadie valora lo que soy?
¿Cómo llorar por algo
sin lógica ni razón?

¡Quiero darlo todo
sin miedo a ser herido del corazón!
¿Cómo poder elegirte
si no puedo elegir a dónde voy?

Quiero perderme contigo,
sin saber nada más que el hoy.

¿Cómo arrancarme el alma
para no sentir este amor?
Quiero que me cures
y me ames por quien soy.

¿Cómo enmendar estos errores
que me apartan de un mundo mejor?
¿Cómo no llorar al ver que soy
alguien que se extravió?
¡Alguien que quiere ser la mitad de un entero!

Con este poema te pido un pequeño deseo.
Que a mí vengas para ser
lo que nunca nadie antes fue.
Que, si me das oportunidad, puedo amarte
y un paraíso ante ti poner.
Hacer de nosotros uno solo y olvidarnos del ayer,
ser igual o mejor que un bello y precioso amanecer,
ser más de lo que nosotros siempre quisimos ser.

AMOR IMPOSIBLE

Quisiera poder entenderte,
dejarte ir para siempre,
para que algún día encuentres
a alguien que pueda quererte.

Dudo que ese alguien te ame
de la forma en que te amo,
que se desviva por ti
sin importar tus pesares.
Te deseo lo mejor, lo que quizás te mereces,
que te quieran
como mi corazón lo siente.
El alma mía no se resigna a perderte,
pero entre cigarros y alcohol,
te sacaré de mi alma y mente.

Así mismo tenga que huir,
lo haré…
todo por no seguir sufriendo junto a tus desprecios,
junto a todo ese egoísmo,
a toda esa soledad.
Todo es preferible…
incluso partir,
me siento acorralado en tu ausencia
y no puedo salir.

Sin Alguna Vez Sentiste Demasiado

¿Qué podría hacer para que me quieras?
Mi corazón palpita rápido al tenerte cerca.

No sé qué hacer con mi vida,
no encuentro respuestas ni pistas,
ya no quiero seguir buscando algo
que probablemente no encontraré.

Tengo fatigada el alma
y unos pies que se gastaron al pasar de los días.
¡Te amo! —¿A quién le importa?
Si es a mí a quien olvidas,
si es a mí a quien no avisas
qué haces y cuáles son tus planes.

No pido saberlo todo, solo lo necesario,
ya no hay tiempo, es tarde para querer empezar otra vez,
no me queda aliento, mucho menos ganas de intentarlo,
adiós, imposible humano,
ya no eres nada más que un recuerdo guardado.

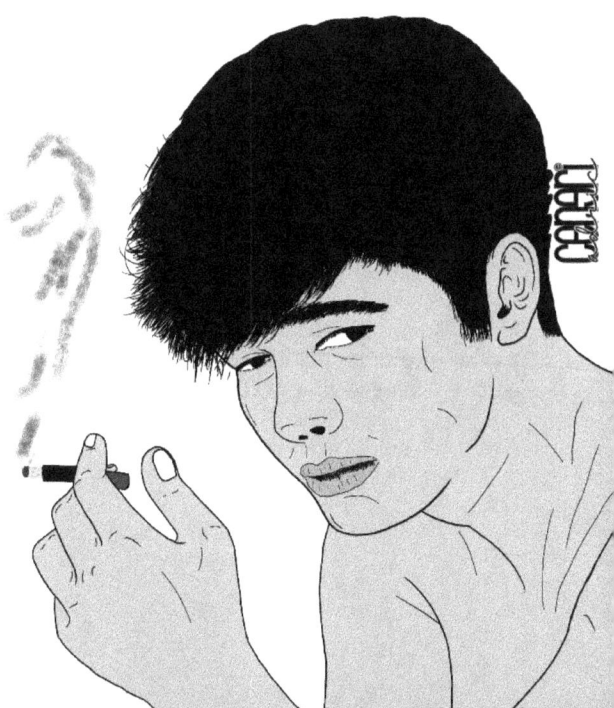

¿QUÉ HAGO?

Hoy no sé qué hacer, ¡no sé si seguir o detener!
Quisiera poder detener mi vida antes de fallecer,
sentir por un segundo el miedo frío a la muerte.

Me pregunto qué pasará al dejar mi vida correr,
¿Qué problemas me podría evitar al morir ahora?
¿Cómo seguir con esta vida sin tener un poco de fe?

Siento en ocasiones que sería mejor un frasco de pastillas...
droga que cure mi dolor.

No veo cómo es que podría continuar como lo hice,
ayer no sabía nada,
hoy un humano me tocó,
me tomó a la fuerza, me provocó mucho dolor.

¿Quién pudiera imaginarlo?
¡Qué daño tan grande, la confusión de un error!

Sufro ahora al luchar con esta gran depresión,
no entiendo quién soy, no comprendo a dónde voy.

Quisiera que alguien me pudiese entender,
¿Por qué es que todos viven entre apariencias,
por qué demonios no ven?

Esto puede quitarme la vida, puede causarme problemas,
noches enteras de pesadillas bajo la almohada.
Quizás unas muñecas cortadas,
en una tina de baño donde quedó sangre derramada,
una navaja fría de metal,
y deseos cortados por el animal que me violó,
quien no merece vivir ni un día más.

OBSESIÓN

Amar en silencio tiene sus ventajas,
nadie te lastima y vigilas a quien amas.

Las lágrimas derramadas y los amargos momentos
siempre nos quitan el tiempo.
Nos lastiman el corazón, por una u otra razón.

Pensar que lo tienes junto a ti,
a tu lado… Que te besa, te acaricia,
te protege, te consiente,
te cuida de quien sea y solamente le interesa tu bienestar.

Podrás ver en él interés,
lograrás sentir un amor intenso,
solo fantasía… ilusión de un corazón.

Órdenes de una mente allegada al corazón,
el creer que puedes amar a alguien
sin precio ni condición,
algo que siempre termina en una terrible obsesión.

VACÍO ROTUNDO

Me da tristeza recordar aquellos momentos tan bellos,
más tristeza me da recordar que conmigo no están ellos,
amigos y compañeros.

En ocasiones solo quisiera estar muerto,
para llamar un poco la atención,
para ver qué hacen algunas personas,
para observar qué sucede a mi alrededor.

Otras veces veo los retratos,
pedazos de nuestras vidas almacenados,
viejos momentos que se han marchado,
y solo en cuadros han quedado plasmados.

Quisiera memorizar más momentos,
quiero sentir la felicidad y los tormentos,
quiero que todos recordemos contentos
y tristes al mismo tiempo,
aquellas aventuras de felicidad y lamentos.

Puedo ver hoy que no estoy muerto,
que esto no es más que un guion,
líneas de escritura que gente con gestos
leerá con decepción.

Los conceptos de esta vida
están compuestos por fotos y recuerdos,
momentos que vivimos día tras día,
momentos que el tiempo va congelando.

Hoy, por ejemplo, quiero llorar,
hoy que siento en mí un vacío rotundo,
hoy que nada me consuela,
hoy que no le encuentro el fin a este mundo.

CAPITULO 5
PUNTO DE PARTIDA

YA ME VOY

Creo que ya estoy listo, ya me voy.
¡No intenten detenerme, no…
conmigo eso jamás funcionó!

Es tiempo de marcharme,
tiempo para el viento, que por mí retornó.
Presiento que van a extrañarme,
pero esos sentimientos se irán al caer el sol.

Oigo a la nieve llamarme,
lo siento en lo profundo de mis huesos.
Ya no puedo detenerme, todo lo que fui ya no lo soy.

Tengo un pequeño recuerdo,
pero poco a poco se desvanece a lo lejos,
se pierde entre las sombras,
se pierde entre mis sueños.

Pesadillas de ilusiones quiméricas,
alucinaciones de una mente sin recuerdos,
almas del pasado y momentos de dolor,
mi mente se confunde y no reconoce el color.

Los giros de la vida tienen consecuencias,
por desgracia mi condena es esta,
ya me voy… no quedan respuestas.

PECADOS INCOMPLETOS

Madrugadas enteras dedicadas a amores del ayer,
sentimientos guardados en un cuarto de hotel,
ilusiones frías, una y otra vez.

Fuimos líneas que cruzaron porque sí,
espejismos de cristales
entre el desliz,
locos actos y caminos a seguir.

Siempre lo mismo; ver, no decir y siempre hacer,
labios necios, carne ardiente y placer,
juegos sucios, ayer, hoy y siempre.

Caminos divididos entre pensamientos sin razón,
confusiones por descubrir quién soy yo,
entre todo esto, el suicidio, las drogas y el alcohol.

Siempre solo... y solo seguiré,
qué más da morir mañana,
hoy o en un mes,
da lo mismo, sin motivos
no hay nada que perder.

Entre viajes largos,
para siempre el no volver,
muerto de miedo, atrapado en un eterno perecer,
me encuentro agonizando,
perdido entre los gritos de mi llanto.

Sin Alguna Vez Sentiste Demasiado

Huellas de mí no quedaron,
las cenizas mías
el viento las esparció.
Sueño entre sueños,
miradas y rostros que un día miré,
vivo sin rumbo,
sin un siempre y sin un diré.

En el laberinto de la vida todo es posible,
incluso morir siendo invisible,
fui, ya no soy, ni seré.

Mis ojos ya no me dejan volver,
el aura me lleva hacia el Edén...

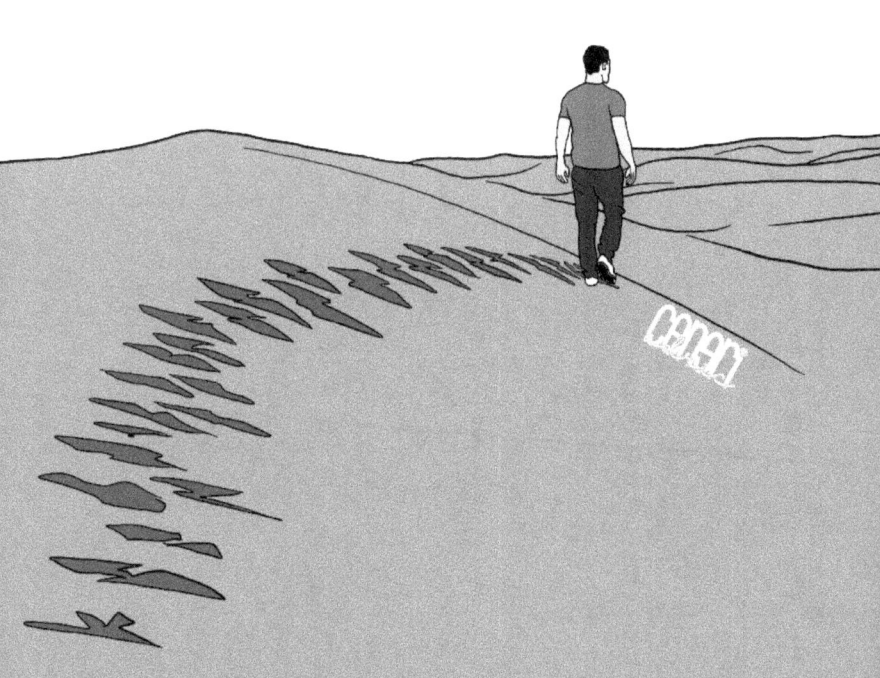

UN VIAJE SIN REGRESO

En mi viaje a este mundo,
el cielo se cae al ver mi cobardía.
No quiero verme en el espejo…
Soy algo más, no precisamente yo.

Estoy harto de ser manipulado,
de pretender que soy disciplinado,
soy rebelde, ya no puedo pretender
que no tengo sentimientos, que soy un monstruo sin fe.

Critican mi forma de hablar, mi forma de vestir y caminar,
quiero huir y jamás regresar,
estoy harto de apariencias, no puedo más.

Muchas veces me pregunto
si es que alguien me quiere de verdad,
si es que hay un espacio para mí,
para alguien que me pueda amar.

Solo quiero ser algún día recordado,
no quiero morir pensando en que seré olvidado.
Cambio de opinión y muchas veces no sé qué hacer,
pues soy sensible,
pero tengo miedo a ser herido otra vez.

Hablan de mí, pero solo para mal,
nunca he oído decir que alguien me quiere de verdad.

Creo que sería mejor largarme
y no volver nunca más,
ya no puedo contra la corriente,
me dejaré ahogar.

EL DESEO EN TU AUSENCIA

Me aterra la vida al no saber de ti.
Me da pavor abrir los ojos,
sabiendo que no estás aquí.

La sombra de tu ausencia…
es tan fría sin tu presencia.
Sé que no debería aferrarme a ti.
Sé que no siempre te tendré junto a mí,
pero no me resigno a quedarme sin tu esencia.

Dime qué hago para poder estar sin ti.
Quiero ser valiente y sin más dejarte ir…
no puedo y te quiero como no lo hice en años.
Eres alguien muy especial en mi vida,
eres ilusión y luz cada amanecer, día tras día,
pero no eres ni serás más que mi amiga.

Me tendré que ir, al igual que tú un día volarás,
caminaremos separadamente y sin mirar atrás.
Es lo mejor, pues, aunque quisiéramos, sabemos bien
que amor de amantes entre los dos no puede haber.

MI ULTIMA CARTA

No prometo
decir adiós al partir,
no soy quien
te puede hacer feliz.

Me duele tanto el no poder sonreír,
aunque duele más el marcharme así,
sin un adiós para nadie,
sin nada más que decir.

Con el dolor más grande dentro de mí,
las lágrimas de mis ojos caen por ti.
Estas no son más que líneas
de un amor que nunca vi...
fuiste más
de lo que puedas imaginarte,
fuiste mi luna,
mi sol...
una bella ilusión.

Ahora no eres más que un sueño
perdido en mi mente.
Eres la ilusión que, en alguna ocasión,
me hizo perder la razón.

Perdóname por no haber sido lo que esperabas.
Hoy me marcho vacío...
con el alma desgarrada.
Esta ilusión en mi corazón quedará enterrada,
para no recordarme
que no fui quien tú imaginabas.

Ya no quiero vivir en un sueño,
quiero traicionarme para que el miedo mate mi esperanza
y se lleve mis razones calculadas.
Ahora solo puedo creer en el dolor
que me alimenta el alma.

¡Porque por ti hoy no soy lo que planeaba!
Estas últimas líneas por ti las escribo,
hoy que a tu amor renuncio.

Me dirijo hacia un nuevo porvenir,
un futuro limpio en donde pueda construir
eso que me llevo conmigo,
lo que afortunadamente no te di.

Eso que ayer tú rechazaste…
lo que mañana
quizás no esté dispuesto
a compartir.

UN ADIOS CON ESPINAS

Una vez logré soñar lo que hasta hoy no he logrado ver.
Una vez pude pensar que tal vez alguien me pudiera querer.

Hoy que veo que no soy lo que un día soñé ser,
mi miedo más grande comienza a hacerse realidad.
Estoy acompañado... pero aún me siento muy solo.
Quisiera poder dejarme morir,
ser lo suficientemente cobarde para huir.
Ya no quiero nada, ya de mí todo lo di.
Ya no quiero tener fuerzas para poder seguir.
Solo quiero irme y olvidar que los conocí.
Hacer de cuenta que nunca existí.
Borrarme del mapa y volar lejos de aquí.

Me pregunto: ¿Por qué no fui suficiente?
¿Qué más esperaban de mí?
Si todo cuanto tuve se los di.
¡Dios mío, llévame lejos de aquí!

Cuando necesitaban de mí, nunca dije que no,
cuando heridos estaban, les curé su dolor,
y lo único que siempre quise fue un poco de amor.
Ya no quiero ser un humano mendigando amor,
por eso con este poema les aseguro mi adiós.
Ya no hay razón para empezar otra vez,
ya no tengo nada que dar, puse todo a sus pies.
Ahora me debo marchar, no quiero que me vean sufrir.

De la mano con Dios me voy,
para que a medio camino
me desprecie por ser lo que soy.
Hoy, en mi jornada final, recuerdo a tanta gente...
recuerdo sus insultos y sus golpes inconscientes.
Recuerdo tantas cosas que no quiero recordar.
Es inevitable... el dolor está en mi corazón.

Sin Alguna Vez Sentiste Demasiado

Me pregunto: ¿Qué fue lo que hice mal?
La verdad es que no soy nadie especial,
al contrario, soy menos de lo que cualquiera es.

No quiero ver ni pensar que me voy,
pero tengo que hacerlo, no hay vuelta atrás.

Hoy, aquí que escribiendo estoy,
mis lágrimas caen sin cesar,
no puedo parar el llanto ni mi amarga soledad.
No fue suficiente lo que di y me hicieron llorar.

No puedo ver lo que sigue,
mis ojos ustedes los arrancaron y estoy en la oscuridad,
caminando solo con mi destino y de la mano de Jehová.

Hoy me voy…
—ayer mi amor no lo supieron valorar,
quizás mañana… cuando puedan valorarme,
regrese.
Pero no aseguro nada,
hoy me voy dolido con el alma destrozada.

OTRA DOLOROSA DESPEDIDA

Quiero expandir mis alas,
y comenzar la jornada final.
Quiero creer que nadie me necesita,
para así
poderme marchar.

Después de este viaje
no prometo regresar,
es el final de mi camino,
una dolorosa despedida que no me detendrá.

Es tiempo de marcharme,
es tiempo de volar.
Fui rebelde y cínico;
fui lo que quise ser,
fui tierno y obediente;
alguien a quien no volverán a ver.

Es el adiós a mis amigos,
amigos que no quiero abandonar,
pero tengo que alejarme,
no hay forma de detener lo que vendrá.

El tiempo pasa… con él
mi partida más cerca está.
Es el llanto y es la risa
de amigos que se quedaron atrás.
Son las cartas y memorias
que siempre estarán en mi corazón.
Un nuevo comienzo, una ciudad más que visitar.

Una nueva aventura
y ganas de triunfar,
nuevas aventuras y problemas que enfrentar.
Hermosos sueños que se hacen realidad.
Es por mi bien;
déjenme volar.

Aunque no regresaré,
en mi mente estarán,
en lo profundo de mi alma,
como algo especial.

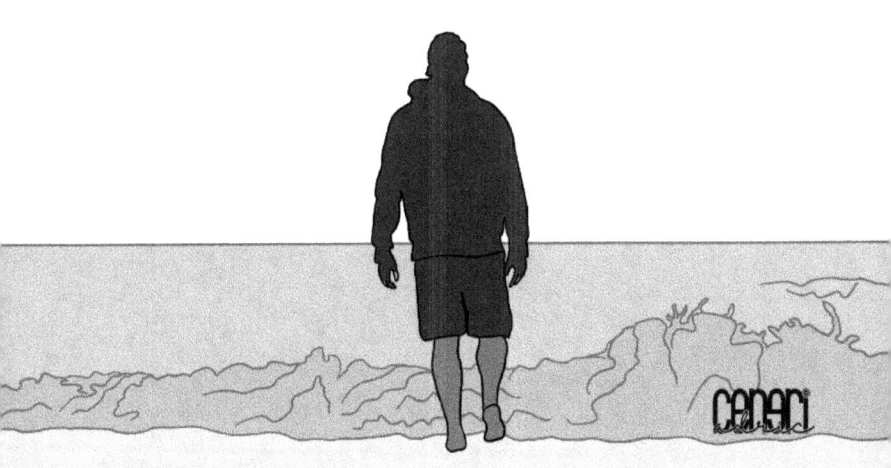

No tengo nada más que dar,
ni me quedan sorpresas que mostrar.

Fui erróneo y aburrido,
pero fue por la sociedad.

Fue por miedo a ver el espejo
y su reflejo quebrar.

Es el adiós
a los seres queridos
que no deseo dejar.

Pero es mi turno de marcharme,
el tiempo viene, pasa,
nunca se queda y siempre se va.

Al igual que llegué a sus vidas,
alguien más llegará.

Tal vez lloren por mi partida,
pero el dolor no durará.

¡Así como me voy en este día,
mañana alguien más
su amigo será,
aunque esto me parte el alma, adiós…
no puedo regresar!

CAPITULO 6

VERSOS DE DOLOR

¿Cuánto tiempo más tengo para llorar?
¿Cuánto tiempo más necesito callar?
No puedo enfrentar esta verdad que me mantiene roto,
estas penas sólo me apartan de poder despertar...

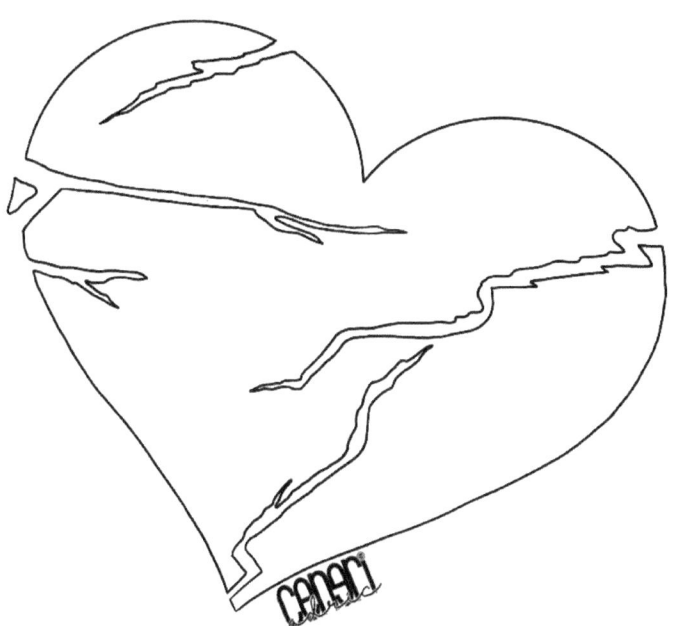

A veces quisiera poder volar,
pero no tengo alas para emprender el vuelo.
A veces quiero llorar,
pero no me quedan lágrimas para derramar hasta el suelo,
y al saber que nunca podrás estar en mis brazos,
mi alma se pone triste,
triste de saber que alguien más te arropa con abrazos,
y me hace huir lejos de ti, aunque aún te amo demasiado.

Si quieres volver, ni siquiera lo pienses.
Ya no estoy aquí y, si vienes, lo único que verás
serán restos de mi vida y preguntas
de "¿cómo?" y "¿por qué?",
me dejaste aquí, solo con todo mi amor...

No quiero estar aquí porque el dolor me atormenta.
A veces quiero gritar
pero temo que nadie me pueda escuchar.
Y solo la muerte me puede llevar
—hasta el infierno donde me pueda matar,
para no sufrir ni una sola necesidad más,
pero sé que nadie puede entenderme.
Porque nadie ha sentido este dolor tan hiriente
que me empuja al precipicio de mi mente,
destrozando todo mi ser...

Estoy tan cerca de mi final y ¿no sé cuándo ni por qué?
Solo sé que no es justo y que mi dolor ya no puedo contener.
Siento que es mejor rendirme que seguir luchando sin fe,
porque estoy muy cansado de perder.
Y cuando la tormenta golpea con su lluvia,
me hace sentir listo para que nada me importe,
ni morir en este instante ni vivir en este estrés.

No quiero llorar, por favor no mientas…
No es una razón válida, porque no serás sólo mío.
No sé por qué a veces no quieres intentarlo.
Parece que no te importa
y ahora sólo quiero morir,
porque no necesito esta vida
si no vas a volver a mí.

Es muy doloroso recordar mi pasado y mi vida,
y ahora no tengo tiempo para contar mis desdichas...
Tengo que callar porque alguien no quiere que diga,
él no quiere que cuente el dolor que me causó su herida,
esa tarde del 99 donde cambió mi inocencia por agonía...

Soy un muerto en vida,
tieso e inmóvil estoy aquí,
esperando tu regreso
mientras tú eres muy feliz.

El tiempo pasa y yo sin encontrar la razón.
¿Por qué, cómo y cuándo fallé?
Tenía el amor entre mis manos y lo dejé escapar,
pensé que no era para mí, por eso me decidí…
a que nunca más te volveré a buscar,
si eres mío, regresarás,
si no lo eres; no hay nada más…

Aún recuerdo aquel ser tan adorable,
que por problemas tuve que abandonarle.
Yo jamás he de olvidarle,
porque, aunque muy lejos esté de mirarle,
en mi corazón he de guardarle
y también siempre he de recordarle.

Algunas noches ves cuando lloro,
pero nunca ves cuando intento
decirte lo que siento por dentro,
tal vez es que eres demasiado tímido.
¿O quizás no quieras saber por qué?
Pero aun así te quiero mucho.
Todo lo que haces es darme disgustos,
y todo eso me hace sentir muy triste.
Pero aun te amo y por eso
ahora te entierro en el fondo de mi corazón.

La soledad pesa en mi alma,
los latidos de mi corazón gritan su dolor,
y entre tantos sonidos de silencio,
un día como este mi alma se extravió.

Arrepentirse de los errores no sirve de nada,
por la razón de que el pasado jamás regresa,
y aunque el pasado regresara,
no lo cambiaría por la experiencia
que los errores nos dejan.

Tu carácter es tan rudo
que me mata la ilusión,
que arrebata mi alegría
y me destroza el corazón.

Las noches que he vivido
son muy largas de contar,
quejándome y llorando por mi fría soledad,
que me mata como el frío del Titaníc hundido en el mar.

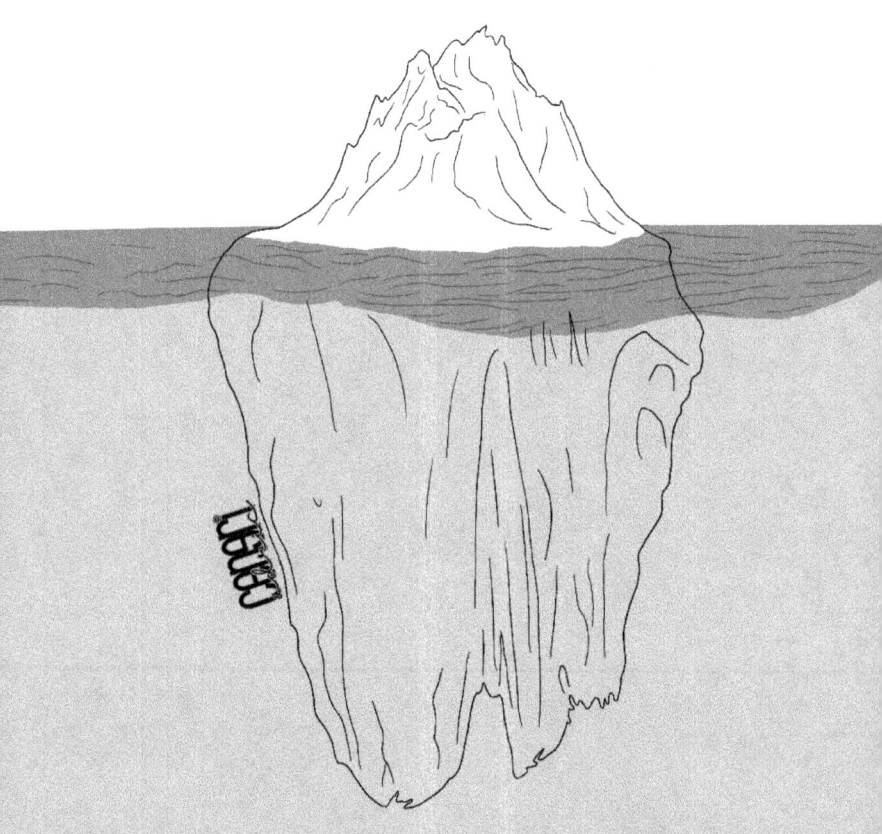

Los castillos y doncellas
son historias y relatos,
que aparecen en la tele
o en algún otro aparato.

Dios bien sabe mi pensar,
mi presente y mi pasado,
cómo lloro y cómo grito,
sin poder darme un balazo.

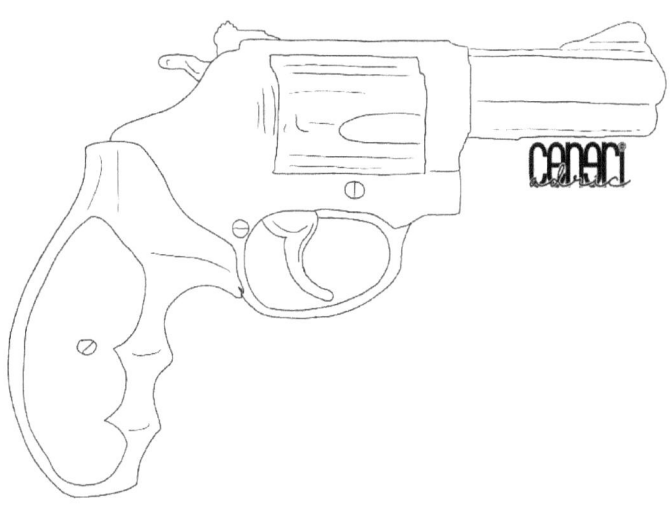

Siento que la vida se me va en los segundos
y no puedo hacer nada,
para sacarme esta estaca
que me dejaste clavada.

Los besitos y caricias
son un juego y nada más,
que aparecen de la nada
en un juego para amar.

Me siento desdichado,
porque nada sale bien.
Siento que me cae el mundo encima
y no me puedo ni mover.

Tierno, sencillo y hermoso… el amor que me brindabas,
sin pensar que lo amoroso eran solo unas palabras,
que tú, maldito mañoso, con gusto las inventabas,
para estafarme, y yo de tonto, como un menso, te adoraba.

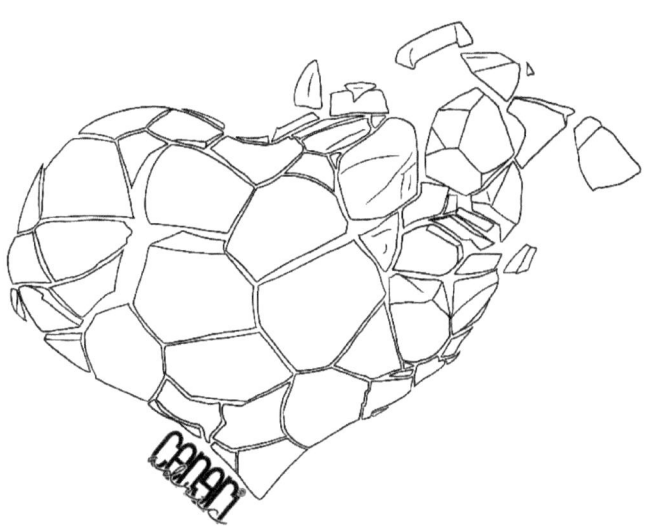

Llorar de nada sirve
cuando el dolor es muy profundo,
nada te consuela
hasta ver el fin del mundo.

De la soledad vengo
y a la soledad voy,
pensando en los quebrantos
que nos deja el corazón.

Yo pienso que tú me amas
mientras tú a mí me engañas,
con tus cosas y patrañas
que con gusto y risa tramas.

La persona que yo quiero me lastimó el corazón
y me dejó como un perro llorando por su amor,
yo tuve la culpa al confesarle mi amor
y por eso ahora sufro sin piedad con mi dolor.

La tristeza de mi corazón
ya no aguanta la presión
de mi agonía y depresión
que a diario enfrento sin ilusión.

Qué difícil es vivir
con algo que te hace sufrir,
qué difícil es seguir
con las heridas que hay en ti.

Cómo quisiera no haberte conocido, pero ya te conocí,
no sabes cuánto me arrepiento
de haberte conocido en aquel momento,
de haber sabido cómo eras,
hoy no estaría sufriendo…

Los días pasan y no puedo hacer nada
para detener el tiempo que se va como si nada,
y esta pena que día tras día en mi alma
me mutila y me tortura, y no logro encontrar la calma.

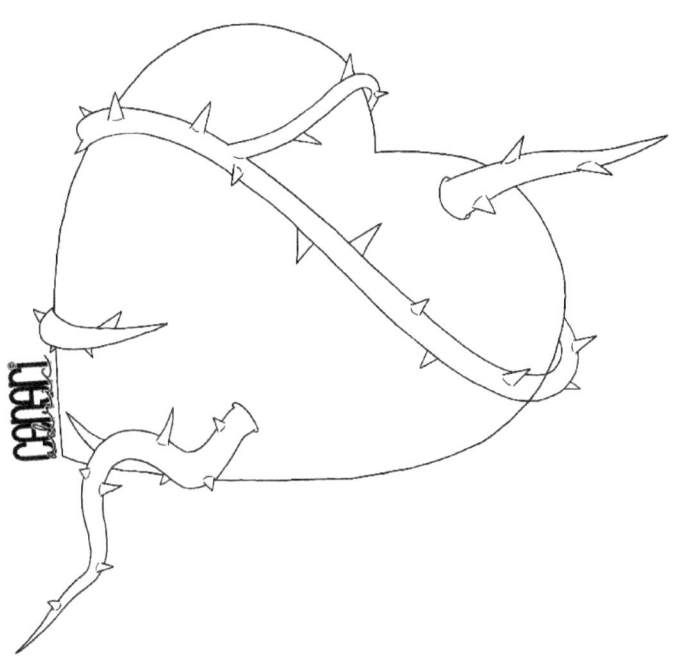

¿Qué me pasó? Yo era sólo un niño.
¿Por qué no me olvidaste? No soy tu juguete.
Necesitas creerme, soy tu hijo.
Por favor no me ignores. Soy un ser humano.

Hoy estoy aquí, mañana no sé dónde,
tal vez allí o tal vez en el infierno,
pero no sé ni entiendo
a dónde ir o dónde quiero quedarme.

Y justo cuando pensé
que habíamos logrado nuestro final feliz;
te apartaron a la fuerza de mí,
y no pude evitar que te llevaran así.
Nada está bien y esto es una locura,
tengo miedo y mis pensamientos no ayudan.

El alma se me secó de tanto tiempo que espero,
el amor que nunca llegó y hoy solo me he quedado
triste, solitario y amargado…
aunque aún sigo de ti enamorado.

Una vez soñé un cielo azul con nubes de velo,
un río gris, opaco de tristeza,
el que lleva la sangre de su alteza.
El viento furioso grita en su canto,
la noche regresa y cubre al día con su manto.

Mi corazón está herido y nadie puede entenderme,
porque nadie ha sentido lo que se siente perderse
en un abismo profundo, en el cual reina la muerte,
y tan cerca yo estuve de morirme en su frente.

La herida que yo tengo es muy difícil de sanar,
y por más que pienso y pienso
no he logrado encontrar
la respuesta correcta a toda esta realidad,
que le doy vueltas y vueltas, pero no logro solucionar.

Solo un ala para volar, solo una lágrima para llorar,
solo una oportunidad para intentar,
solo una persona para amar,
o quizás la muerte quien me matará.

¿Por qué tenemos que buscar amigos
donde sabemos que no hay?
Es mejor dejarlos que lleguen,
que un día... de seguro llegarán.

CAPITULO 7
REFLECCIONES
Historias Cortas

MIEDO A LA SOLEDAD

Hace algunos años volé de mi hogar,
buscando algún refugio en donde morar.
¡El destino y los tiempos no son lo mismo, no, qué va!
Pasaron los años y sigo en esta vida, pero nada es igual,
un par de rosas menos, un par de penas más.

Hace apenas unos siglos ya existía la soledad,
corrí y huí dejando un pasado lejos, tiempo atrás.
La vida cambia, pero los recuerdos no se van,
fue mi jardín de rosas y mis hijos, nuestro hogar.
Un infierno en agonía
y estas penas que no se van.

Hace apenas unos meses mi hija se decidió a volar,
buscando un camino lleno de libertad,
el tiempo ha pasado y le está yendo mal.
La boda fue preciosa y el divorcio es el final,
la vida no es fácil, pero quedan motivos por luchar.

Hace apenas unos días mi hijo me dice que se va,
buscando un camino y su anhelada felicidad,
es su decisión y lo voy a extrañar.
Solo quedan unos días antes de su viaje iniciar,
es la sangre de mi sangre, es la idea de lograr.

Tengo miedo a quedarme sola,
pero tarde o temprano pasará,
el latido de mi alma grita
y pregunta: ¿cuánto tiempo ha de pasar
antes de que el cielo caiga
y el desierto se una con el mar?

CARTA ANÓNIMA

No encuentro una mejor manera
de decirte lo que siento, y si pudiera
creo que te haría saber que yo quisiera
que me prestaras un poco más de atención
y de vez en cuando me dedicaras una canción.

Yo te amo, amor mío, eso tenlo bien presente...
por ningún motivo me gustaría perderte.

Quisiera que me llamaras,
para sentir que te intereso y que me amas.

Créeme... no soy de palo,
tengo sentimientos como cualquier humano.

Además, sí, yo tengo una vida,
pero para todo hay una salida,
en nuestro caso es hacer tiempo y evitar los contratiempos.

Espero que entiendas y también comprendas,
que abras los ojos, sin vendas mires al mundo...
veas que es normal y lo entiendo,
pero no exactamente todo el tiempo.

Porque una o dos veces se valen,
pero más de dos... ¡No mames!

Te amo y quiero que comprendas,
espero no sea muy tarde cuando despiertes de tu sueño...

Y ojalá puedas recuperarme...
si es que en realidad llegaste a amarme.

ELECCIONES

En este mundo hay libertad, libertad significa poder.
Si tú la tienes, puedes resolver los obstáculos fácilmente.

En este mundo hay muchas cosas que aprender
y que necesitamos vivir para entender.
Hay tantas formas de vivir, y tener una es bueno para todos.

Porque eso describe nuestras metas
y quiénes somos ¡casi!
Hay tantos tipos de almas que buscan sobrevivir,
como la que escribe esto aquí.

Vengan y conózcanme hoy por fin, que tendré que partir.
He estado soñando demasiado, en fin…
no sólo vengan y me hagan perder más de lo que ya perdí.

Porque ya he perdido demasiado sin sentir,
y no quiero perder lo poco que queda en mí por vivir.

Hay tantas formas de amar, y tener una es felicidad,
si la tienes, ya sabrás que es mejor que estar en soledad.

LA VIDA

La vida siempre se vuelve en contra, para bien o mal,
como algo sin importancia… coraje, tristeza o felicidad.

Nadie sabe cómo llegamos aquí, hasta el día de hoy,
los científicos dicen que provenimos de la evolución,
cuando provenimos de Dios, conforme a la religión.

Lo que sí sé es que no tengo la solución,
esto ha sido una controversia
que no terminará en mi versión.

La vida era bella, mas hoy no es más que desilusión.

Una vez pensé en el afán de enamorarme,
mas el amor llegó a mí sin pedirme autorización.

La vida y la muerte tienen dos cosas en común,
son imprevistas y parejas, al igual que el amor,
nunca avisan ni previenen, solo hacen su función,
bueno o malo les importa un cacahuate partido en dos.

Si no puedes con el enemigo, únete a él.
Controla y destruye hasta al mismo sol.
No permitas que este error sea tu perecer.

La hipocresía no es buena,
sin embargo… ¿quién soy yo?
Un individuo el cual no es un santo de devoción.

El planeta es enorme, pero soy capaz de hacerlo pequeño.
Las montañas son muy altas,
pero no tan altas e inmensas como mi imaginación.

El invierno se aproxima
y un año anuncia que se va,
yo en esta vida donde no puedo respirar,
los ríos, lagos y mares me muestran mi final.

El final de este planeta,
un planeta sin verdad,
una tierra de problemas,
de agonías y enfermedad, a punto de colapsar.

La vida era hermosa, mas hoy ya no lo es,
antes fui un niño… un niño que jamás seré otra vez.
El frío del invierno se aleja,
los rayos del verano regresan.

Ayer era alguien,
hoy solo soy la sombra del ayer,
los prados solían estar verdes y vivos,
mas hoy están secos y marchitos.
Ayer fui un niño…
hoy solo soy un adulto confundido.

ACERTIJO

Aquí todo es tan confuso,
que a veces es muy difícil descifrar...
verdades y secretos que nadie puede escuchar.

Los colores blanco y negro,
en un descuido pueden llegarse a mezclar,
creando nuevos conflictos que son difíciles de explicar...
por ejemplo: los antónimos son gran ejemplo, en verdad.

Los caminos y las coincidencias suelen ser sensacionales,
sin embargo, eso es lo que más me da.

Los humanos basan sus vidas en mentiras y demás,
o si no, en perfectas historietas
que solo sirven para crear caos.

Mentiras confusas crean problemas sin pensar
en que el día de mañana todo se puede derrumbar.
Es por eso que mi vida yo la controlo,
porque a mí no me gusta que me digan cómo debo vivir.
No voy a dejar que nadie manipule mi sentir.

Amo la libertad y mi corazón en ella.
Creo que cada uno debe salir y vivir realmente como es,
no hay razón para pretender,
no hay razón para ser alguien más.

El ser uno mismo es demostrar quiénes somos en verdad.
Déjate guiar por la vida como si no hubiese nada mal.

Estos fueron solo acertijos,
pensamientos de lo cual yo vine a hablarles,
pero como ya acabé, pues debo marcharme.

LOS SUEÑOS DE UN BEBÉ

Por llegar primero y ganar el primer lugar,
corrí incansablemente hasta pegarme por luchar.
Crezco dentro de ti lentamente,
y de vez en cuando quiero brincar.
Sé que te desvelas por mí en las noches,
y durante el día sueles trabajar.

Fatigado tu camino, antes de la tarde comenzar,
oh, pobre mamita mía, lo que sufres por mi bienestar.
Por encima de tu piel siento tus caricias,
esas manos cálidas y suaves me duermen durante el día.

Ya quiero que me cojas en tus brazos,
quiero saber cuánto por mí estás dispuesta a dar,
quiero que sepas que pase lo que pase,
mi madre, sea como sea, siempre serás.
Gracias por soportar mis golpes en tu vientre,
por quererme y esperarme
con el corazón y los brazos abiertos.

Sé que aún no tengo conciencia,
pero en unos años la tendré.
¡Por favor quiéreme siempre, y por siempre te querré!

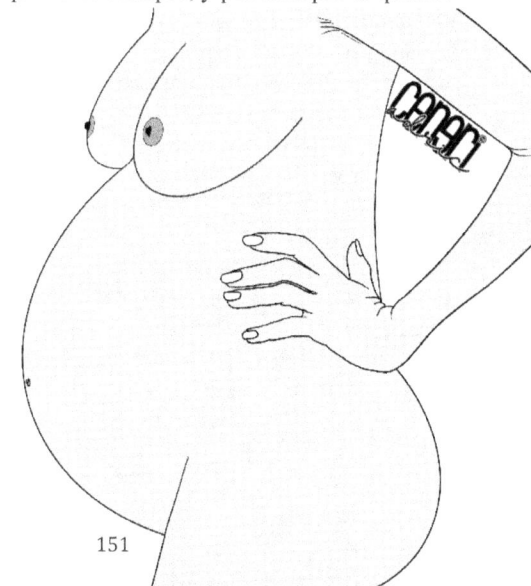

LA DAMA DE COMPAÑÍA

Ariana, la mujer provocada por el dinero,
cada noche entre sus piernas hay un tipo nuevo.

Una prostituta elegante,
con bellas curvas y unos senos perfectos.
Peligrosa... pero bella,
capaz de transformar en realidad los sueños.

Ironías... ¡sí!
Aunque más que irónico,
es una estúpida acción.

No se puede pretender el amor,
ni comprar un corazón.

Es muy triste escoger al rico,
quien te ofrece todo lo material.
Triste... más aún sabiendo
que tu corazón le pertenece a alguien más.

La dama perfecta, con un vestido violeta
y unas zapatillas de bar,
modelando las piernas,
ganando dinero y perdiendo la dignidad,
optando entre pudor y placer,
con gente que bien puede pagar.
En la vida nada es gratis,
y a la belleza siempre se le saca
todo el provecho que da.

Preferir el dinero...
que bien de la ruina te puede sacar,
no es morir en vergüenza, ni en brazos de un pobre
que de hambre te pudo matar.
La vida y sus retos tienen consecuencias...
nada es fácil, ni lo será.

Una soledad interna,
fría y depresiva, se puede presentar, mas este es un circo
el cual tiene un precio que hay que pagar.

Quizás no lo valga,
¿quién realmente lo podría comprobar?
¿Quién en el bendito cielo
o en el maldecido infierno me pudiese aclarar?
¿Qué tan trágica y tan difícil sería la vida
entre sexo, drogas y alcohol?
¿Por qué es que la vida se ensaña
con nosotros y nuestro dolor?

¡No pudo ser perfecta ni su muerte!
¡Oh, bella princesa, reina y diosa de prostitutas con tacón!
Lujosas las décadas cuando tú bailabas
en el bar de don Simón,
hoy solo eres otra historia… una esencia de dolor.

EL ARTISTA

El pincel y la pintura…
pueden crear grandes figuras,
claro que jamás podrán pintar
tu más grande temor ni tus ilógicas locuras.

La fama que te llevó a las alturas…
no pudo elevar tus sueños,
pero sí los arrojó a la basura,
vendió tu amor y tu locura,
es decepcionante ver que una vida se derrumba.

Veo unos ojos que ya no brillan,
entre manos que pintaban y frías están,
mientras que las flores pintadas se marchitan,
un tren llamado destino viene a recoger tu pálida sonrisa.

Las tintas y colores…
en ocasiones pueden ser muy optimistas,
es obvio que jamás son suficientes para un artista.

Aquellas ilusiones de ser más allá que simple vista,
hoy no son más
que un mito entre revistas,
sonidos sin voz,
mentiras sin risas.

Aquel artista con manos robustas y maltratadas,
con ojos miel
que un día brillaron de esperanza,
terminó por perder esta batalla,
terminó por perder el cabello, la piel,
y después perdió las ganas,
las fuerzas de luchar contra el cáncer que lo mataba,
por miedo y dolor al ver cómo su cuerpo
sufría con las quimioterapias.

Triste ver que a pesar de todo
no somos tan fuertes,
triste… más aún
cuando uno por sí mismo se vence,
el fracaso de un artista
fue no tener fe,
fue no ser valiente,
el hilo se rompió y con ello este presente.

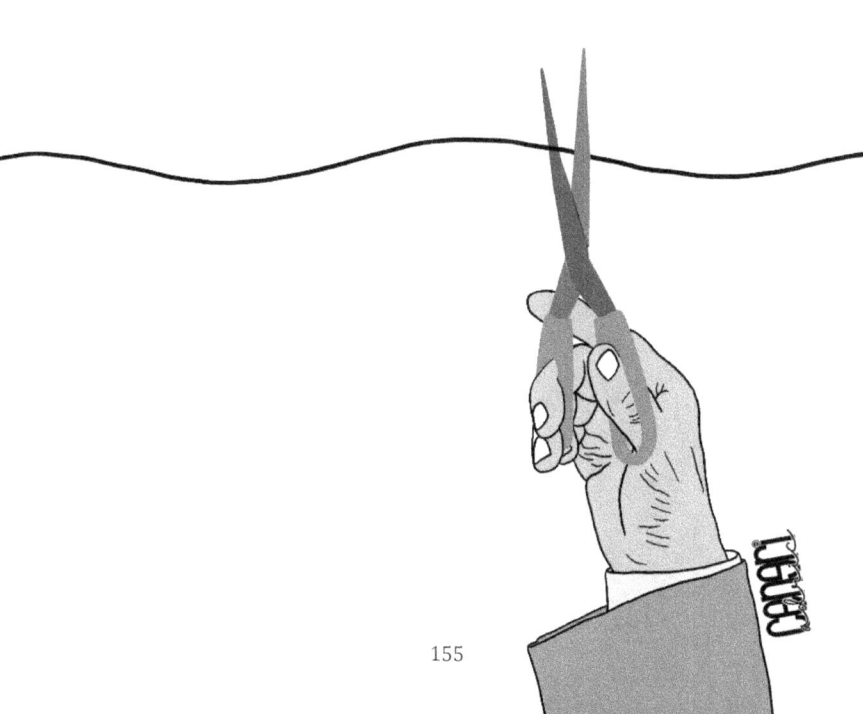

VALOR A TRANSFORMAR

Duele ver que lo que creemos es más mentira que verdad,
duele más aún cuando confiamos,
cuando por la espalda nos clavan un puñal.

Los periodistas escriben artículos
que gente sin ocupación ha de criticar.

Los fotógrafos capturan momentos,
recuerdos especiales que no cualquiera podría captar.

Los escritores escriben argumentos,
entre rimas y líneas, su más oscura realidad.

Cada profesión tiene un precio,
un costo alto que hay que pagar,
es difícil aceptarlo,
pero es el trabajo que cada quien elige desempeñar.

Los cantantes hoy en día solo cantan por cantar,
ya no lo hacen con aquella alegría, ¡no como tiempo atrás!

Los actores, detrás de un disfraz,
en cada escena y obra de arte,
siempre buscan la forma de no fracasar.

Los compositores se han ido acabando,
ya no hay quien escriba,
y cada día hay más artistas que quieren cantar.

Si esto es a lo que llamamos vida,
¿quién lo podría cambiar?
¿Quién podría ser lo suficientemente valiente
para transformar este presente
y reiniciar el reloj de las mentiras?

ALMAS ANTIGUAS

Al despertar en una oscura mañana de febrero,
veo otro día… me siento solo en mi propio infierno.
No tengo nada más que recuerdos.

Tengo historias, historias de nuestros ancestros,
era el pasado, tus tiempos.
Solo quedan las cenizas, ahora no hay enfrentamientos.

Estas son las maravillas; estos son nuestros momentos.
Esta es tu historia, piezas de un complemento.
No hay razón para no hacer lo que siento.
La raíz de la vida se estrelló contra mis miedos.

Mi vida se está superando, la tuya se ha terminado.
Ahora duele, y en pocos días, no habrá dolor.

Sin tu permiso, te llevó.
Uno de estos días me llevará a mí también.

En el paraíso, te veré
para estar contigo una vez más.

CONFESIÓN DEL PASADO

Solo quise ver mi deseo hecho realidad,
quise hacer que mi corazón sintiera una vez más.

Cuando ya no soy, pero ayer sí fui.
Cuando aquel murió y yo nací.
Es difícil sentir la calma cuando en tu espalda hay una cruz.
No es difícil perder el alma
cuando la razón ya no está aquí.

Fui alguien, pero ahora me dirijo hacia la luz.
Morir no es tan malo,
no tan terrible y vacío como ser un reflejo.

El velo de la noche cae sobre el viento,
y esparce su frío; las estrellas brillan, pero ya no como antes.
Lo que ayer fue, hoy no lo es ni mañana lo será.
Así como ayer nací, hoy muero
y mañana ni mi tumba quedará.

La vida mía fue tan corta como no se pueden imaginar,
viví, sentí y disfruté abusivamente mientras pude,
hoy me voy con el alma llena, pero el cuerpo desgarrado.
Morí en un atardecer… con diez disparos,
eran tan tibias las heridas
que esos pedazos de fierro me hicieron.

Cada tiro, cada herida, me robaban un pedazo de vida,
hasta que mi vista se desvaneció.
Creo que fue un sueño, no una pesadilla,
pues fue así como yo morí en otra vida.

RASTROS

La poesía y el arte son mi realidad,
son las letras y las líneas,
es historia guardada por la eternidad.

Es muy cierto, nada dura para siempre,
pero la historia prueba lo prudente.

Muestra el ayer y el presente,
muestra soledad y muestra olvido,
son las gotas de la lluvia,
las lágrimas de unos ojos muy sentidos.

La vida nos lleva a caminos distintos,
hace y deshace nuestros destinos,
ayer corría de los golpes y atropellos,
hoy, con la frente en alto, soy un deseo.

Vivo y hago con mi vida lo que quiero.
Soy un humano, alguien orgulloso
de ser quien es, no lo que es.
Voy con el viento y duermo con el atardecer,
despierto y vivo en cada amanecer.

APARIENCIAS

En ocasiones las cosas
no son lo que aparentan ser,
cubrimos la verdad bajo falsos disfraces,
engañándonos a nosotros mismos,
por no querer ver la verdad.

La realidad de la vida puede ser más que cruel,
un oscuro amanecer,
caminamos hacia el perfecto mundo creado por un creer,
y ocultamos los errores, como si nada ocurriera.

Hoy tengo miedo a las heridas, a ser lastimado otra vez.
Tengo miedo a que mi corazón se vuelva a romper.

El espejo me grita...
me dice lo patético que soy,
pero la verdad no le creo y me encierro en mi temor.

Hoy quiero pensar, imposible...
ayer mi mente se esfumó,
se desvaneció con el aire,
con la noche, así como cuando se va el sol.
Si pudiera deshacerme de mis sentimientos, lo haría,
para no sentir más dolor,
y si pudiera tirar mi conciencia,
no lo dudaría,
para no sentir esta culpa de mi error.

Todos tenemos un ser oscuro,
muy dentro de nosotros,
y los caminos que elegimos
son los que distinguen quiénes somos...

SEXO Y AMOR

Hacer el amor es una cosa,
tener sexo es otra.

Hacer el amor proviene de algo duradero,
tener sexo proviene de algo pasajero.

Amar no es solo decir "te quiero".
Sexo es solo pasión y calentura… nada sincero.

Estas cosas son muy parecidas,
pero muy diferentes a la vez.

En ambos casos pasa lo mismo,
pero en el sexo, amor del bueno no puede haber.

Este dilema es nada más de pensarlo
y analizarlo muy bien.

Así que piénsenlo, amigos míos,
es algo muy serio de lo que podemos aprender.

ADULTERIO

El silencio de tu voz es misterioso,
palabras, letras y versos.
La pregunta es: ¿por qué adulterio?
palabra fuerte, pecado atroz.

Criterios de una vida,
una muerta y otra viva.

Almas gemelas... no la pareja perfecta.

El equivocarse cuesta,
con ello siempre hay consecuencias.

Engaños bajo pupilas siniestras,
miradas profundas y secas.

Por él, hoy lo haces todo,
mañana... por ti él no hará nada.

Lo quieres, sí...
lo amas, por poco lo olvidaba.

Así como hoy gozan de deseo y lujuria,
mañana con alguien más hará
lo que hicieron ayer en tu cama.

El que lo hace una vez,
ya no tan fácil renuncia a las mañas.

Sin embargo, hoy ambos se quitan el pudor,
hoy que pueden hacerlo sin palabras.

Los dos han querido apagar este calor,
desearon que así esto se consumara.

OVEJA PERDIDA

El amor de Dios... es más grande que el universo,
son sus pruebas, enseñanzas y promesas,
pecador... el universo entero y yo.
No soy más que una oveja perdida,
alejada del cielo; el pensar, hacer y hacerlo no es lo mismo,
no es igual planear que pensar en lo que pudo suceder.

Reconozco que hago mal,
que en mi atardecer quizás me pierda,
podría perderlo todo al intentar regresar.
El intento de la vida siempre ha sido continuar,
reflexiono al pensar en la realidad,
al ver las estrellas encuentro tantos deseos,
ilusiones que no se hicieron verdad,
me llega la nostalgia, pero no puedo llorar,
los cometas me observan... critican mi penar.

Dios me conoce, Él que es grande y siempre será,
ya recorrí el inicio, el detalle de mis pecados aceptar,
mi vida no es la maravilla del siglo,
pero el don de escribir como escribo
solo podría ser obra de Jehová.
Al final siempre es bueno cambiar,
sentir los cambios y creer que nunca está de más.
¡Gracias por todo!... espero no fallar.

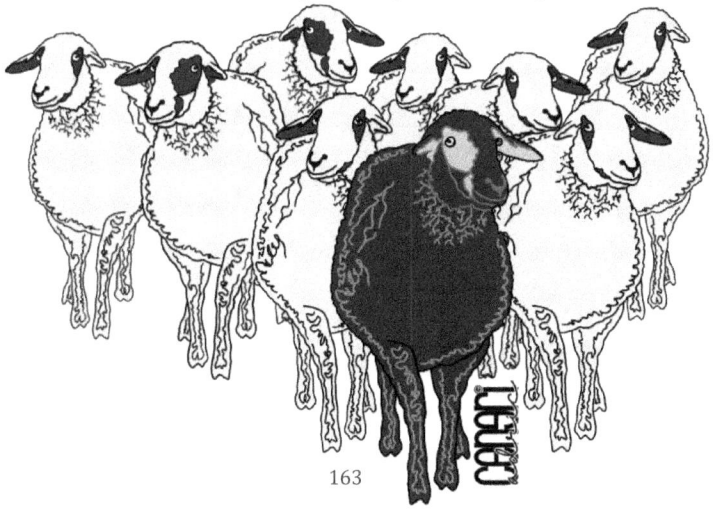

DE NIÑA A MUJER

Han pasado quince años en la vida de una niña,
quien hoy se ha transformado en una señorita.

Esa niña juguetona ha empezado a ser mujer,
la niña de mis ojos, quien apenas ayer era un bebé.

Es una bendición que seas mi hija,
y hoy te quiero complacer,
hoy que cumples quince años,
te quiero ver feliz y contenta
cuando partas tu pastel.

Que, al momento de tu baile,
todo salga súper bien,
y que disfrutes de esta fiesta,
fiesta que sólo se vive una vez.

Que compartas con nosotros,
con todos los presentes,
incluso con los que no estén,
que sonrías al mundo,
que pase lo que pase,
mi niña nunca dejarás de ser.

Eres la adoración de mi alma,
algo que tú sabes muy bien,
por eso en este día, que te la pases muy... muy bien.

EL SECRETO

Parece que fue ayer… cuando solo era un niño,
de milagro callé para poder estar vivo.

¿En dónde estaría si no hubiese ocultado
aquella pena tan fría? Quizás me hubiesen matado.
Hoy aún sigo aquí, y confieso mis pecados,
comento mi historia, penas que mi corazón ha guardado.

Una coincidencia que ocurrió no hace más de veinte años:
fui abusado, fui violado,
algo repulsivo que deja daños.

Condena la conciencia y reprime la existencia.
Placer tomado a la fuerza, a costa de mis lágrimas y penas…

¿Por qué? ¡No lo sé! y probablemente nunca lo llegue a saber.
¿Qué razón hay para hacer sufrir a un ser humano?
¿Para qué tornar en un infierno la vida de un niño abandonado?
El tiempo ya pasó, y superé aquel gran temor,
pensamiento que en ocasiones me provocaba confusión.
Hoy mis penas se han aclarado…
mis pensamientos suicidas se han esfumado,
y espero en Dios
justicia para todo depravado.

UN RETO

No creo tener la culpa de lo que quieren mis sentimientos,
juro que no fue mi error,
no fui yo quien decidió ser tan incierto.

El destino me escogió para que fuera distinto,
para que viviera mi vida en un laberinto.

El reto final será no morir...
salir adelante sin ver ni oír,
sin escuchar los insultos,
sin ver la ignorancia
de gente que no comprende el sentir.

La naturaleza es extraña, tan extraña que aún existe gente,
personas tan ignorantes y con mentalidades deprimentes.

¡No entiendo qué es lo que pasa,
no comprendo qué sienten!
¿Cómo es que aman?
¿Por qué la puta sociedad no puede destilar otra cosa
que no sean sermones y desgracias?

¿Por qué, en el nombre del cielo,
no usan la fe que dicen tener
para tomar la confianza en lugar de seguir juzgando?
Para vivir como humanos, como gente civilizada.

Hoy juro ante esta escritura, sin miedo,
que viviré sin temor a los retos,
para demostrarles a todos que lo logré... ¡porque SÍ puedo!

ANTES

En algunas ocasiones llegué a pensar
que estaríamos juntos por el resto de la eternidad.

Pero el realismo me enseñó…
que es difícil obtener lo que uno quiere,
detalles que en ocasiones son pequeños,
y por motivos y razones nunca lo entendemos.

Hoy que juntos estamos, aprovechemos nuestro momento,
hagámoslo por ese mañana,
por ese día en donde nos separaremos.

Es inevitable y me duele pensar, me aterra la idea,
no quiero imaginarme que me vas a olvidar.

No conozco la verdad y tengo curiosidad por saberlo,
sé que es más fácil dejarte ir que verte en vida partir.
Quizás no somos más que un par de buenos amigos,
amigos que tienen vidas y caminos distintos.
Antes de irte, asegúrate de que la puerta quede cerrada,
que esta amistad se conserve para continuarla en un mañana,
para probarnos que la amistad existe y se lleva en el alma.

Que, a pesar de que pase el tiempo, esta amistad se conserve,
como en aquel día, en nuestra primera conversación abierta.

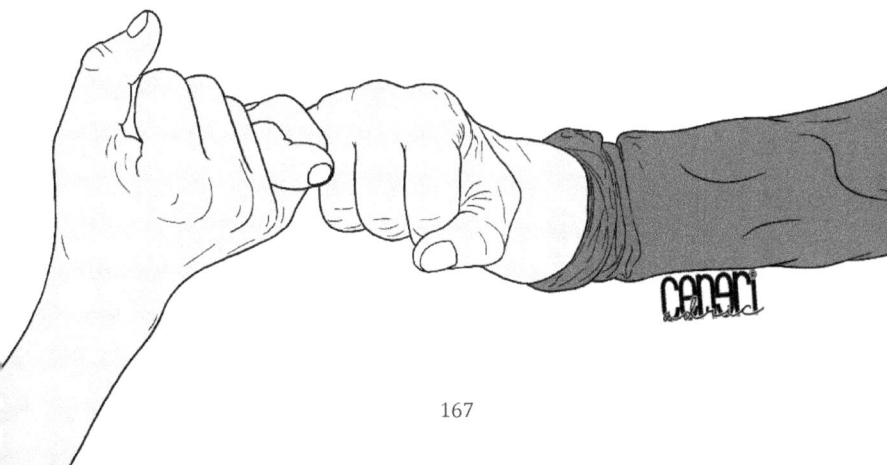

LA ESPERA

Aquí estoy en este día,
solo, sentado y pensando.

Recordando cómo era mi vida
y cómo terminé en esta villa.

Veo que el fin se acerca,
que día tras día sé más que ayer,
que ya no creo en los deseos de los cometas.

Espero el día para partir,
para irme lejos,
si es posible, al más lejano país.

El deseo de poder vivir,
lejos de tanta falsedad,
vivir en donde no sienta
lo que me provoca el estar aquí.

Hay razones y hay motivos
que jamás podrán entender,
deseos de miedo...
locos y fingidos pensamientos.
Poco a poco, el tiempo
aniquila los sentimientos,
convierte en piedra nuestros sueños
y termina por hacer cenizas nuestros miedos.

ETERNA JORNADA

La pureza de tu alma…
es transparente y cristalina,
donde encuentro la calma cuando no hay otra salida.
De mis problemas cotidianos, los que enfrento día a día,
tratando de esquivarlos
sin pensar en las heridas
que, a lo largo de los años, se han quedado en mi vida.

También esos fracasos que me atormentan día tras día,
pero seguiré… y lucharé
hasta que la fuerza se me agote,
hasta que mis pies ya no resistan
ni el dolor ni el quebranto
que han hecho derramar todo este llanto.

Lágrimas derramadas de mis ojos, evaporadas en mi alma,
ahora encontraré la calma,
la paz, la tranquilidad y mi felicidad anhelada.
Al final,
los dos caminaremos en la larga y eterna jornada.

UN CRIMEN ODIOSO

Una mañana como cualquiera,
corriendo hacia el parque, pasando la carretera,
llegas a tu casa y te encuentras una sorpresa:
nuevos vecinos, y son de la iglesia,
son homofóbicos, no te das cuenta,
corres peligro, no abras la puerta,
cuídate tú... y a tu pareja.

Quédate atento, el peligro te acecha,
no te distraigas, quédate alerta,
ya es muy tarde, tu amado no regresa,
vas a buscarlo y por suerte lo encuentras
al borde de la muerte, pero a la vida se aferra.

Es la ambulancia quien se lo lleva,
un crimen sin paga, un asesinato sin conciencia,
ahora buscas al culpable
para que pague su condena,
pero aún no sabes quién es el culpable de esta pena.

Todos saben que el que busca encuentra,
y al buscar, encuentras pistas a tus respuestas,
poco a poco, de la verdad estás más cerca.

En el nombre de Dios, un asesino peca,
y comete un error sin pensar en las reglas,
buscas ayuda, mas la policía no arregla
un crimen cometido, un acto sin decencia.
Descubres la verdad, nada que ver con apariencias,
mientras intentas delatar al culpable de tus penas,
la policía ignora tu dolor y tu caso con indecencia,
sin plan de descubrirlo ante el gobierno o ante la prensa.

Tomas justicia por tu propia cuenta,
con ayuda de tu suegra, quien sufre una pena,
le robaron su hijo, le quitaron sus fuerzas.

Sin Alguna Vez Sentiste Demasiado

Una emboscada es una idea estupenda,
matarlo y culparlo por invadir tu vivienda,
hacer creer que lo mataste en tu defensa,
para hacer justicia sobre el gobierno y sus fuerzas.

Tienes paz, mas aún no te haces a la idea,
no quieres olvidarlo, en tu corazón se encuentra,
en tu mente aún existe ese recuerdo que alimenta
tus ganas de vivir, aunque no lo tengas cerca.
Era algo inesperado, mas el pasado no regresa,
tú aún estás vivo, no bajes las defensas,
la vida y el tiempo se van y no regresan,
mas tu fin no es este y te iluminan las estrellas.
Sigues aquí hoy, en el día presente,
estás solo y tu amado solo existe en tu mente,
no queda más que decir cuánto duele,
amar… no ver, y sentir que aún lo quieres.

En un tren él se va, con un boleto sin regreso,
el viento te avisa que él no está,
y la luna canta por tu triste soledad,
la lluvia cae y aún le recuerdas,
el tiempo sigue pasando y cae la nieve de Navidad.

La magia visible se esfumó, y tu amor hacia él se quedó,
todo se fue y con él tu dolor,
pero no tu vida… ni tu amor.

VERANO

Hay miedos
sobre descubrir la identidad.
Hay temores y secretos
de los que no quieres hablar.
Tienes dudas de ti mismo
y hay miedo a la verdad.

Es hora de la fiesta,
mas no necesitas disfraz…
Hay personas de tu clase,
no tengas miedo a la realidad.

Eres lo que quieres ser,
no lo que quieren que seas,
no tengas miedo a tus sentimientos.
¡Déjate amar!

El lago entre montañas es un lugar sin sociedad,
aunque es el nido de tu secreto cuando quieres estar
junto a alguien que quieres, a escondidas y en soledad.

Finges tener una novia
y que la quieres de verdad,
todo por no querer admitir lo que eres
y a tu estilo de vida cambiar.

Tienes miedo a lo desconocido
y a dejar tus ideas volar.
Es verano, en un campamento es donde estás,
los problemas y conflictos enfrentan tu verdad.

Sin Alguna Vez Sentiste Demasiado

Hay tres grupos de personas…
no sabes cuál es tu lugar.
El de los niños que diferentes son,
quienes disfrutan la vida.
El de los niños con quienes creciste
en tu pueblo natal.
O el de las niñas bellas,
pero quienes no te atraen.

Estás confundido,
pero al final todo pasará.
Solo deja que el tiempo pase y tus dudas desaparecerán.

No hay razón para esconderte en el bosque
y ponerte a llorar,
por alguien que no te quiere
y que feliz con su novia está.
El verano se termina,
una tormenta golpea sin cesar.
En el bosque un rayo cae
y destroza un árbol que se derrumba.

Tiempo de irte y regresar a tu casa con la familia,
dale tiempo al tiempo, tus dudas se aclararán.

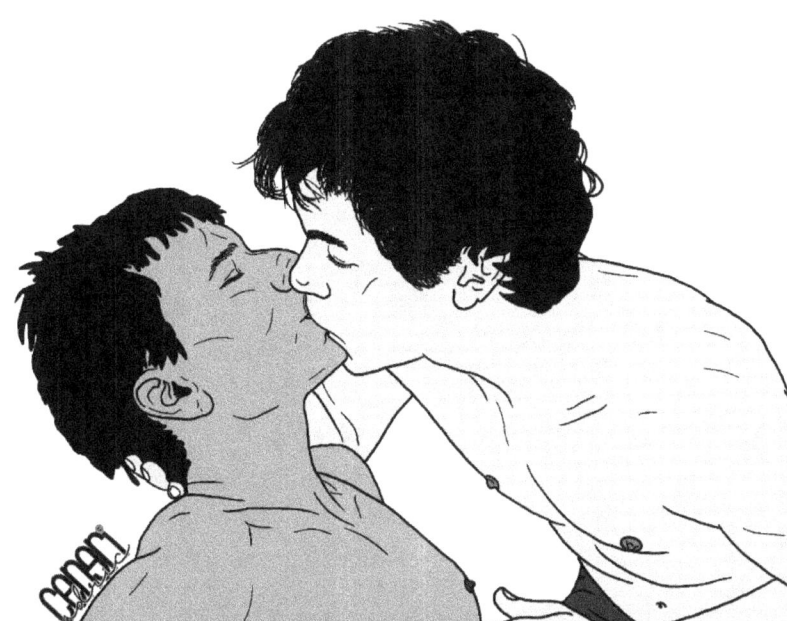

PERDONAME

Quizás yo no sea el mejor de los poetas,
pero desde el fondo de mi alma te regalo dos rosas;
una para cuando te sientas triste
y la otra para decirte: "hermosa".

Le pido a Dios que te bendiga,
que por siempre ilumine tu caminar.
Sé que no eres mi única amiga,
pero en mi vida
eres alguien especial.

Amiga, no sé cómo explicarte,
cómo decirte que lo lamento tanto de verdad,
por querer ayudar a organizarte,
casi pierdo tu amistad.

Acepta mis disculpas y dejemos esto atrás,
prometo no defraudarte, no lo haré una vez más.
Espero que nuestro compañerismo y amistad crezcan,
y que tú y yo sigamos siendo los mismos
por unas cuantas décadas.

CAPITULO 8
CARTAS DE AMOR
Historias de Amor

DESEOS

¡No sé quién seas!,
pero siento que ya te quiero,
mi corazón te espera
para que seas su dueño.

Te deseo y te espero
con impaciencia y anhelo,
eres la ilusión de mis sueños,
quien yo espero que sea sincero.

Alguien que pueda quererme
sin la intención de perderme,
porque no quiero que al final solo quede
un recuerdo y un hasta siempre.

Quiero amor verdadero, amor que sea duradero,
amor que dure en nuestras vidas.
Quiero a alguien a quien le guste llorar,
reír, soñar y disfrutar.

Ponerse metas y lograr triunfar.
Una persona que pueda dar y recibir amor,
alguien que comparta su mundo.

Alguien con quien poder caminar
a la luz de la luna
y a la orilla del mar.

Mirando las estrellas y poder conversar,
sentirme querido
y poder conservar
el amor de un amigo en una botella de cristal.

EL MUNDO CONTIGO

Es hermoso recorrer el mundo entero,
aunque más hermoso sería
tener un compañero,
y aunque conmigo
un ángel de Dios siempre estará
para cuidarme
y protegerme de todo mal.

Deseo, desde el fondo de mi alma,
tener a alguien más.

Alguien que me pueda
demostrar su amor,
alguien que camine
por donde voy,
una persona…
solo un cuerpo.

La negra noche
oscurece mi camino,
y con ello un dolor
regresa del olvido…
yo manejando sin rumbo
ni sentido.
Es hermoso recorrer el mundo entero,
aunque más hermoso es
saber que te quiero,
y aunque
el valle de la muerte siempre me acechará,
desde el cielo tengo ayuda celestial.

Sin Alguna Vez Sentiste Demasiado

No deseo más que tenerte
así como hoy lo estás,
no quiero nada,
pues mis heridas tu amor ya las curó,
quiero mantenerte por unos minutos
el día de hoy,
quiero perderme y fundirme en tu calor.

El amanecer llega
y me muestra mi destino,
con ello
el amor más puro e infinito…
yo aquí manejando,
te tengo al lado mío.

DECLARACIÓN DE AMOR

Las distancias no son muchas
y mi amor es más eterno que la muerte.
Soy tuyo en cuerpo, alma y mente.
Seré tuyo hoy, mañana y siempre.
Serás mi amor hasta el final del siempre.
No hay barreras;
no hay nada que pueda detenerme.

Por ti yo iré,
cruzaré y hasta volaré sobre los continentes.
No importa cómo, ni cuándo,
sino que tú ahí te encuentres.
Te necesito, amor; te necesito valiente.
Te necesito hoy, te necesito por siempre.
Jamás te vayas; si te vas, por favor vuelve.

Soy lo que ves, no más que un loco que te quiere.
Alguien que ofrece amor de verdad y cariño frecuente.
No me dejes aquí, no me dejes sin verte.
Cada día, al amanecer,
eres lo primero en mi mente.

Eres esperanza, ilusión, alegría y suerte,
una noche de estrellas,
tú y yo observando el Oriente.
Quiero que sepas lo que mi corazón siente.
Prefiero que de mí nunca te alejes.

Quedarme contigo en esta noche sin pendientes,
y hacer de nuestro amor
lo más loco y más prudente.
Te necesito junto a mí, aquí en mi corazón.

Amor mío y sueño de mis sueños.
Eres tú por quien mi corazón es sincero.
No necesito más razones para decirte "te quiero".
No necesito una excusa para decidir que te espero.

Me basta y sobra mi amor
y la confianza de mi buen caballero.
El gris y opaco cielo llora,
sin embargo, tú eres mi consuelo.

El tiempo se agota y se va por el callejón de hielo,
fría la noche,
mas tus brazos son abrigo y tibios como el fuego.

Te quiero por lo que siento…
te lo digo así, sin pena ni remordimiento.
Te lo digo en esta hoja de papel
que se opaca con el tiempo,
mas mi amor no se acaba si te tengo.

Quédate aquí, junto a mí, a cualquier precio.
Te ofrezco amor, amor que no se compra con dinero,
amor que es tuyo, si decides tenerlo…

POEMA A MI MADRE

En este Día de las Madres,
solo quiero decirle una cosa.
Este poema es para usted, madre,
y quiero que lo conserve gustosa.

Para que por siempre me recuerde
como una persona asombrosa.

Cuando mire este poema,
quiero que se sienta orgullosa.

Orgullosa de ser la mejor de las madres,
una gran persona y señora.

Usted tiene un hijo que la adora,
y aunque él no se lo demuestre,
él la quiere por sobre todo,
de la misma forma en que se quiere
a una madre luchadora.

Quizás no sea el mejor de los hijos, ni la mejor persona,
aun así… sé muy bien que me adora.

Probablemente hay gente que me odie,
no importa… con usted me basta y sobra
para seguir adelante como hasta ahora.
Le aseguro que no le fallaré,
no desapareceré… no como mi sombra.

MADRES

Hoy, diez de mayo,
es un día muy especial.
Hoy, que es el cumpleaños de todas las madres,
quienes desde siempre han sido motivo de felicidad.
Ellas son quienes nos traen a este mundo,
quienes nos cuidan sin parar
y se entregan a su papel de madres en plenitud total.
Siempre se desviven por sus hijos,
quienes somos su motivo de vivir y continuar.
Al crecer, los hijos siempre se van,
buscando nuevos horizontes,
nuevas aventuras y una vida que iniciar.
Grandes sueños de polluelos
que buscan encontrar su realidad.
Los humanos siempre seguimos aprendiendo,
a ser hijos, a ser madres.
La voz del triunfo está en todos,
y el talento más bello es el de una madre,
es incomparable… irresistiblemente adorable,
un ser que da vida,
que vive por ello sin esperar nada a cambio.
Las madres pendientes de nosotros siempre están,
mientras pensamos en su nido dejar,
mientras sus pequeños crecen y se echan a volar.

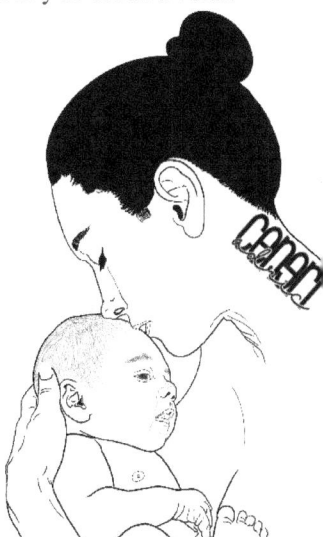

AMOR DE VERDAD

Dos adolescentes en un bello pueblo
se enamoraron perdidamente,
en aquella feria donde él pidió una cita,
cita que aquella señorita no aceptó.

Al cine con amigos fueron,
sin saber que ahí se encontrarían,
terminaron caminando bajo la noche
y rompieron aquellas risas.

Cada fin de semana había problemas,
pero la locura aferrada del uno por el otro
fue más fuerte que todas las pruebas.

La imposición de unos padres
ante el amor verdadero,
prefirieron el beneficio y la seguridad del dinero.

Amor de un verano...
espera que casi se convierte en eternidad,
¡Después de siete largos años regresas!,
buscando una respuesta,
—¿Por qué no me buscó? —ella preguntó.
Te escribí 365 veces y de ti
ni una noticia escuché.

Vienes a mí después de tanto tiempo,
y sé que aún podemos continuar,
vivamos felices por siempre,
que el mundo gire y vuelva a girar.

Amores como el nuestro ya no existen,
—esta casa por mí la reconstruiste,
aquí tendremos hijos y nietos,
frutos de un amor...

Sin Alguna Vez Sentiste Demasiado

Terminar en un hospital, perdida en tu mente,
eso no fue mi plan, una prueba más,
algo que me deprime, pero no me resigno a perderte.

Fue aquella escritura
de un enamorado aferrado a un amor,
a su querida amada, que toda la vida amó.

Eran aquellas lecturas…
memorias que su amada olvidó,
duele ver que no te recuerda,
más aún cuando la llevas en el corazón.

Comprobado está que nada es para siempre,
pero existió un amor que perduró hasta la muerte.

DENEGACIÓN

Nunca voy a romper tu corazón,
no lo dudes,
es solo cuestión de tiempo.

Nunca te voy a hacer llorar.
¿Cómo podría hacer tal cosa,
si te amo, oh bella esposa?

Nunca te voy a dejar caer,
no... no soy yo quien podría hacerlo,
¿cómo te atreves a acusarme de eso?

Nunca te diré adiós,
no, no puedo... esto no está bien.

Te amo, incluso después de la muerte,
eres dueño de mi alma, mi amor, mi vida y mi suerte.

No te voy a dejar,
no hasta que Dios destruya mi mente.

Me niego a dejarte,
a vivir sin tu amor en mi vida presente.

SENTIMIENTOS DEL ALMA

¡Qué bonitas expresiones
me salen del fondo del alma!
¡Y qué bonitas sensaciones
me despiertas con tus miradas!
El deseo de tenerte,
día, noche y madrugada.
Es una sensación inevitable,
algo sin palabras…
Eres como la estrella que brilla
y nunca se apaga.
Eres mi sendero,
donde posaré mi morada.
Eres un amor que significa esperanza
para mí, mi vida y mi alma.
Solo quería que supieras
que mi amor es sincero y verdadero,
que por medio de estas líneas
sepas lo que siente mi alma,
las cuales tú me inspiras al hacer poesía,
la cual te dedico sin esperar nada a cambio.

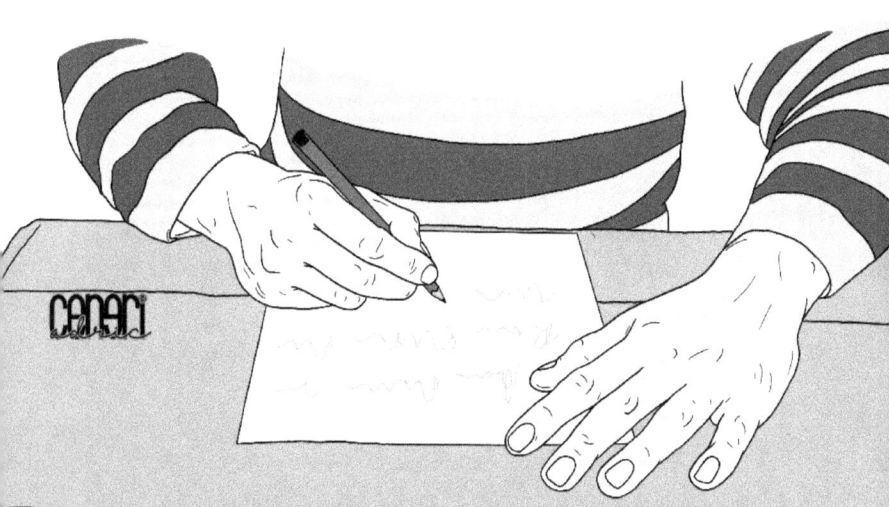

NO PIDO MÁS

En el comienzo de mi jornada,
no pido más que tenerte en el alma.
Tus rayos de alegría iluminan mi camino,
desapareciendo el gris cielo del olvido.

Tú eres la razón de la mañana,
alguien con quien quiero compartir mi morada.
El pecado es inevitable en este siglo,
todos lo practican, todos tienen un motivo.

Déjame ser el motivo por el cual peques,
déjame mostrarte lo que mi corazón siente.
Eres un sueño hecho realidad,
una historia y un poema de amor.

Una estrella brillante en la inmensidad,
alguien con quien quisiera tener un mundo mejor.
Eres una gota de agua en el mar,
agua que refresca mi calor.

Eres una persona que busca libertad,
alguien con quien siempre pueda ser yo.

CAPITULO 9
VERSOS DE AMOR

Sabes bien que yo te amo
y, al saberlo, te aprovechas de mi amor,
porque sabes más que nadie que te quiero
mucho más que a mi vida, amor…

La esperanza que yo tengo
es de verte una vez más,
y aunque tú ya no me quieras,
yo te amo sin cesar.

¡Qué bonita tu mirada
cuando miras el palmar,
con tus ojos azul claro,
como el agua clara del mar!

Si el pasado no volviera, ya no me preocuparía…
y las cosas que supieras ya no me asustarían,
y tal vez, si se pudiera,
sin pensarlo te amaría…

Tu presencia que se siente,
cuando duermo en mi sufrir,
y al despertar, un solo viento
me motiva a vivir.

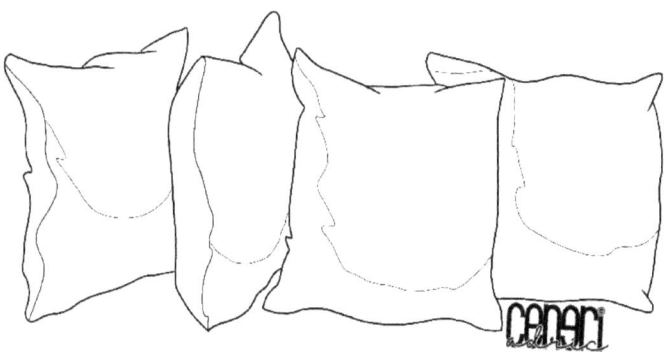

Me conmueve tu mirar
porque me miras y te vas,
tu mirada me conmueve
como un nene que mira cuando llueve.

Los secretos e ilusiones
son pensamientos y razones,
de acontecimientos y pasiones
que guardamos en los corazones.

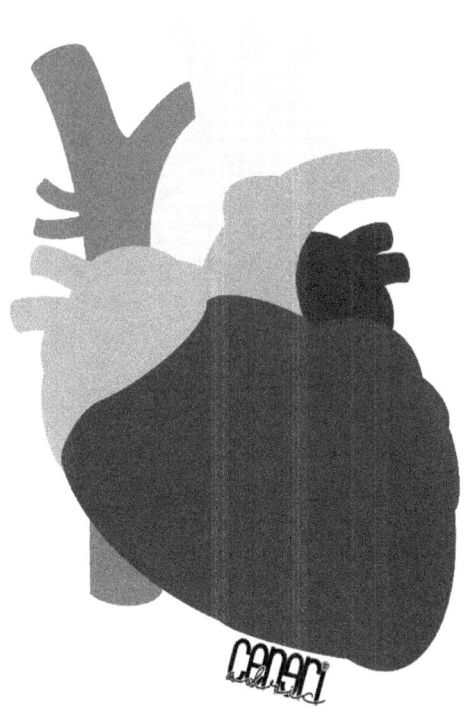

Yo creo que ya es tiempo
de salir y disfrutar
todos los posibles momentos;
de amor, paz y felicidad.

Mi pensamiento está en la luna,
porque estoy enamorado
de la persona más hermosa
que en mi vida he encontrado.

Las palabras que me dices
son hermosas de verdad,
y aunque sé que son mentiras,
yo te amo en realidad.

La razón de mi existencia
aún yo no la sé,
pero al menos me consuela
amar por primera vez.

El coraje me motiva
a vivir y a olvidar
las cosas de la vida
y no hacerlas por nomás.

¡Qué bonitos pensamientos,
el pensar que me amarás,
sin rechazar ya más mis besos
y adorarme más y más!

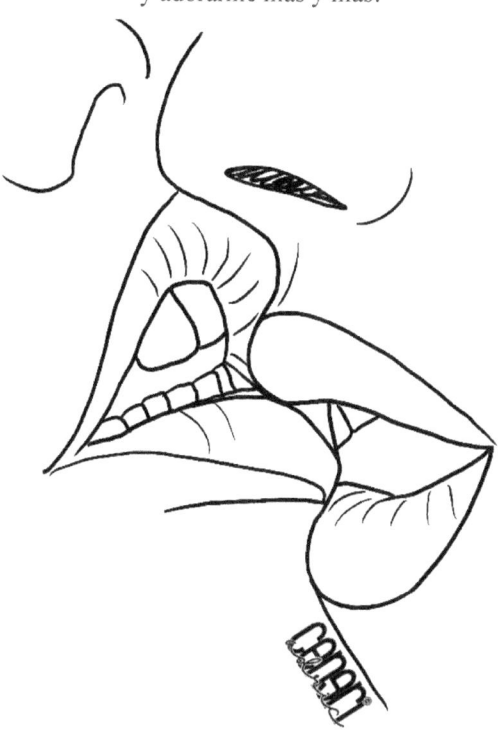

La persona que yo quiero
es hermosa y mucho más,
y aunque dicen lo contrario,
no me importa si es verdad.

Si tan solo te atrevieras a decirme lo que sientes,
si tan solo yo supiera que me amas desde siempre…
tal vez no estaría donde estoy, seguramente,
y a lo mejor yo te amaría desde hoy y para siempre.

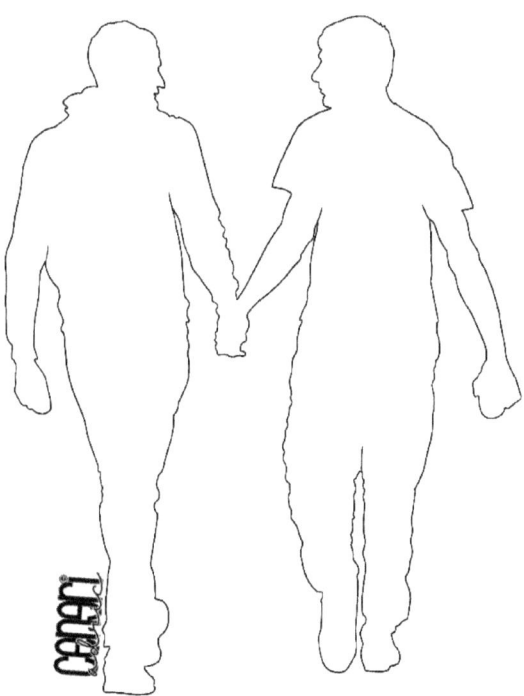

Cuando sueño, te miro.
Cuando camino, te pienso.
Cuando te hablo, te vas…
y me ignoras al hablar.

Tus ojos tan hermosos,
como dos perlas del mar,
brillosos y candentes
como faros en el mar.

Lo que importa no es el cuerpo,
sino lo que siente el corazón,
porque el cuerpo no comprende
cuánto vale una ilusión…

Las mujeres tan hermosas,
bellas siempre como rosas,
románticas y tiernas,
y amiguitas cariñosas.

Las lágrimas que derramas
de tus ojos con nobleza
son porque me amas
y lloras de tristeza.

Las personas no comprenden
que el cuerpo no es amor…
y tampoco nunca siguen
a quien tiene corazón.

El reflejo del espejo
es la verdad y la razón
de las verdades y secretos
que nos guarda el corazón.

Las estrellas y luceros
son antorchas de la luna,
que alumbran los senderos
de mi vida y de la tuya.

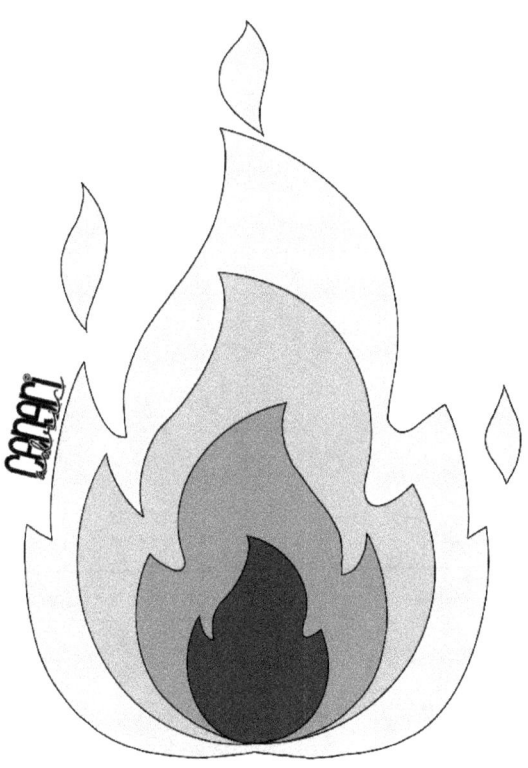

Si piensas que soy de acero,
estás muy equivocado,
tan solo me hago el tonto
como el diablo encaprichado.

Hoy estoy cerca de ti, paseando muy feliz,
pero en realidad no estoy aquí y tú no me quieres a mí,
por eso mejor lo dejamos así,
y sigo soñando que soy muy feliz.

La timidez está en tus ojos,
se te nota en la mirada,
y te pones muy nervioso
cuando miro en tu mirada.

No sabes cuánto daría
por tenerte junto a mí,
y decirte lo que haría
para hacerte muy feliz.

¡Qué día tan hermoso,
al ver el resplandor
de la lluvia que aparece
a nuestro alrededor!

Hay veces en las que es mejor
ocultar los sentimientos,
para no cometer un error del cual te estarás arrepintiendo,
y después de lo peor no habrá resignamiento
para la persona que por mi culpa está sufriendo.

La lluvia es tan hermosa
que me recuerda tantas cosas,
tristes y maravillosas
de mi vida dolorosa y, a la vez, muy amorosa.

El osito de peluche que le regalé a mi mamá,
en el Día de las Madres, por ser un día muy especial,
como siempre yo recuerdo que me quiere y, sin pensar,
daría hasta mi vida para verla una vez más…

A pesar de la distancia…
llanos, montañas, desiertos y playas,
te amaré en esta vida
sin importar las noches y los días.

Aquí está mi amistad; tómala si la quieres,
hoy, en nuestro primer día, hoy en su armonía.
Aquí está mi manera de vivir; apuesto a que puedes tenerla.
Hoy, de la mejor manera, hoy a salvo y sin mentiras.

Donde quiera que te encuentres, voy a estar muy pendiente,
y si necesitas mi ayuda, descuida y procura
que estaré a tu lado
para darte el cuidado que necesites de mí,
y recordemos el día en que te conocí…

Hoy quiero soñar
que puedes amarme,
que podemos vivir juntos...
hoy, mañana y por siempre...

Como un demonio de Dios vivían los perros,
disfrazados como mascotas adorables,
pero su instinto animal alimentaba sus egos.
Dulces criaturas, no lo que uno suele esperar.

Mi ilusión se fue
como mis sueños al despertar.
Quiero dormir una vez más
y soñar contigo en las estrellas.

Mi tiempo se fue como el final de una canción,
ahora me tengo que ir y dejarte solo.
Espero que nunca olvides nuestro amor
y siempre me mantengas en tu mente y corazón.

ACERCA DEL AUTOR

Adric Ceneri es un artista, poeta, escritor y autor cuya obra nace de la experiencia vivida y la verdad emocional. Nació en México y pasó su infancia en las costas del Océano Pacífico, donde fue criado por sus padres hasta los cinco años. Tras su separación, enfrentó circunstancias que marcarían profundamente su identidad y definirían la esencia de su trabajo creativo.

Su poesía explora el dolor, la supervivencia, la identidad y la sexualidad, transformando heridas personales en expresión artística. Ceneri escribe con una voz honesta y desafiante, convirtiendo emociones crudas en lenguaje poético y manteniéndose fiel a sí mismo como artista. A través de una narrativa íntima y evocadora, su obra da forma al sufrimiento, la resiliencia y la búsqueda de sentido.

En agosto de 2003 emigró a los Estados Unidos en busca de estabilidad y paz, tras atravesar una etapa de profundo conflicto emocional. Aunque sobrevivió, las secuelas de esa experiencia marcaron su desarrollo personal y creativo.

La escritura se convirtió en su refugio. Durante la preparatoria, comenzó a escribir en soledad después de clases, utilizando el lenguaje como herramienta de supervivencia mientras aprendía inglés en un entorno desconocido. Paralelamente, sus estudios de arte le permitieron descubrir una nueva forma de canalizar el trauma. Desde entonces, el arte y la escritura se consolidaron como pilares fundamentales en su vida.

En 2010, tras varios años de rechazos editoriales, autopublicó su primera colección de poesía, *My Poetry: Los Restos de un Humano*, la cual recibió una respuesta positiva que le permitió iniciar lecturas públicas y construir una base de lectores.

Posteriormente, su obra *P.E.D.R.O.: Deep Emptiness* fue aceptada para publicación como la primera parte de una novela proyectada en cuatro libros. Sin embargo, debido a limitaciones de producción, el proyecto fue cancelado. La obra será relanzada después de 2026 bajo el título *PEDRO*.

Con más de veinte años escribiendo y más de una década como autor publicado, Ceneri cuenta con múltiples obras, entre ellas *My Poetry: Los Restos de un Humano* (2010), *Caminando Hacia la Felicidad* (2019) y su más reciente colección publicada en 2026, *Si Alguna Vez Sentiste Demasiado*. Además, ha desarrollado una serie de diarios temáticos inspirados en *Caminando Hacia la Felicidad*.

Actualmente colabora con Magesoul Publishing, trabajando junto a su fundador, Carlos Medina, y su equipo para impulsar y dar visibilidad a nuevas voces dentro de la comunidad poética.

Además de su labor como escritor, Ceneri es un artista visual. Ha diseñado portadas para obras como *It Hurts*, *Survival* y *Healing*, la primera trilogía de antologías de Magesoul Publishing, así como proyectos para otros autores. También ha contribuido con obras inéditas dentro de estas antologías y continúa desarrollando traducciones y proyectos visuales dentro del ámbito literario.

Sitio web:
www.adricceneri.art

Instagram:
@adricceneri

OTROS LIBROS

por Adric Ceneri

Caminando hacia la felicidad
Disponible en ES | EN | IT | FR | PT

Este libro no trata sobre la perfección—
trata sobre la supervivencia.

Cuenta la historia de años transitando la oscuridad,
del deseo expresado sin vergüenza,
de estar perdido bajo la condena de la ignorancia.

Viví roto, incomprendido,
consumido por aquello que el mundo se negó a entender.
Pero a través de la poesía encontré mi voz.
A través de las palabras, recuperé mi poder.

Estas páginas son un ajuste de cuentas—
una transformación del dolor en propósito,
del silencio en verdad.

Elegí la felicidad cuando parecía imposible.
Y un día, contra todo pronóstico, desperté
para descubrir que mi corazón volvía a latir enamorado.

— Adric Ceneri

Si Alguna Vez Sentiste Demasiado
Disponible también en EN | IT | FR | PT

Si Alguna Vez Sentiste Demasiado
¿Qué significa sentirlo todo... y aun así seguir adelante?

Si Alguna Vez Sentiste Demasiado es una colección de poesía íntima y profundamente humana que explora el anhelo, la identidad, el desamor y el peso silencioso de las emociones que a menudo cargamos en soledad.

A través de versos crudos y líricos, Adric Ceneri te invita a un viaje marcado por la vulnerabilidad y la reflexión—uno que transita del dolor hacia la comprensión, y de la soledad hacia la conexión.

Dividida en cuatro movimientos emocionales, esta colección se despliega a través de:
• heridas no dichas y batallas silenciosas
• reflexiones nacidas en la soledad
• la intensidad del amor, el deseo y la identidad
• y la ternura de simplemente ser visto

Combinando simplicidad con profundidad emocional, estos poemas capturan momentos fugaces, luchas internas y el deseo universal de ser comprendido.

Esta edición preserva poemas seleccionados en español, honrando la voz del autor en su forma más auténtica.

Para quienes alguna vez sintieron demasiado...
o no lo suficiente—
estas páginas se sentirán como hogar.

DIARIOS
por Adric Ceneri

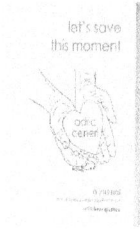 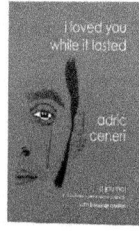 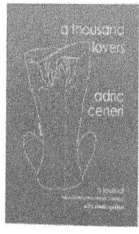 

  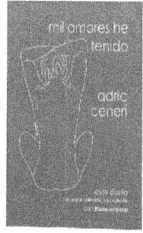 

Estos diarios, compuestos por **cuatro temas diferentes**, incluyen un **calendario flexible y sin fechas**, diseñado para adaptarse a tu ritmo diario y permitirte actualizarlos día a día con tus planes, metas y tareas pendientes.

Para los corazones románticos: *Guardemos este momento.*
Para los corazones rotos: *Te amé mientras duró.*
Para los corazones apasionados: *Mil amantes.*
Para los corazones heridos: *Atrapado en mis miedos.*

El calendario integra **frases inspiradoras y bocetos artísticos** basados en mi libro *Caminando hacia la felicidad*, convirtiendo cada página en un espacio de reflexión, intención y crecimiento personal.

Disponibles Ahora en Amazon.com

ANTOLOGIAS
por Magesoul Publishing
presentando a Adric Ceneri

IT HURTS Disponible Ahora en Amazon.com

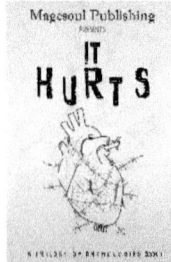

Una colaboración de quince escritores que comparten emociones, experiencias y, sobre todo, sus almas a través de las palabras. Todos hemos estado ahí. Es parte de la condición humana. Todos tenemos una historia que contar, pero nuestras historias no siempre son escuchadas. Con demasiada frecuencia, nuestras voces son silenciadas.

It Hurts es una antología única que recoge las experiencias vividas de quince autores quienes, a través de sus capítulos individuales, ofrecen interpretaciones profundamente personales de lo que realmente significa **doler**.

SURVIVAL Disponible Ahora Amazon.com

En cualquier momento de nuestras vidas es inevitable enfrentarnos a la adversidad—algunas veces soportable, otras… completamente insoportable. Como especie que ha evolucionado a lo largo de miles de años, la perseverancia es una característica intrínseca del ser humano; la voluntad de continuar, sin importar los desafíos que se crucen en nuestro camino, forma parte de nuestra esencia.

En estos tiempos inciertos, donde las almas alrededor del mundo penden de los frágiles hilos de la esperanza, presentamos *Survival*. La segunda antología de la **Trilogía de Magesoul Publishing**, esta obra reúne las experiencias vividas de veinticinco escritores, entrelazadas en testimonios poderosos de determinación, resistencia y valentía frente a la adversidad

HEALING Disponible Ahora <u>Amazon.com</u>

Todos atravesamos muchas etapas en nuestro recorrido personal por la vida. En la lucha por nuestra propia supervivencia, llega un momento en el que no nos queda otra opción más que ser valientes y esperar algo mejor. Primero debemos comprender que no somos lo que nos hicieron; somos sobrevivientes, luchando por una oportunidad de encontrar paz y amor.

Sanar es el acto de reconstruir lo que fue roto, un día a la vez. *Healing* es la última antología de la **Trilogía de Magesoul Publishing**. Con la participación de trece valientes escritores, esta colección está llena de esperanza y fortaleza, recordándonos que la paz y el consuelo son posibles, y que algún día podemos volver a sentirnos completos.

OTROS LIBROS POR
Magesoul Publishing

Por CARLOS MEDINA

Phases of the Soul

Precious Pain

Cremating Past

Eternal Devotion

Seeking the Unknown

When my Soul Cries

Rebirth

Whiskey Tears – Erica Varela

The Wilted Walls – Kristin L Provenzano

The Side Effects of L – Alex Le'Gare

Timeless Depths – Erica Varela

Anchoring Me – Nicole Hartley

The Side Effects of L – Alexander Le'Gare

Sin Alguna Vez Sentiste Demasiado

www.ingramcontent.com/pod-product-compliance
Lightning Source LLC
Chambersburg PA
CBHW071230080526
44587CB00013BA/1551